KB265278

이 저서는 2011학년도 경성대학교
학술연구비 지원에 의하여 연구된 것입니다.

통나무

역사의 예수와 동양사상

김명수 지음

통나무

목 차

역사의 예수와 동양사상

제5장 이성과 신화 사이에서(요일1:1)　109

제2부 역사의 예수와 동양의 자연사상

제6장 예수의 치료와 대체의학　123

도올 김용옥

예수는 존재가 아니다. 존재란 궁극적으로 "이것" "저것"과도 같이 감각경험의 공유성 내에서 지시할 수 있는 그 무엇이어야 한다. 그러나 아무도 "예수"를 저 나무를 지시하듯이 지시할 수 있는 사람은 없다. 우리 중에 어느 누구도 예수를 "저 나무"를 보듯이 만지듯이, 만나본 사람은 없기 때문이다. 나의 이러한 언급은 예수의 존재성을 근원적으로 거부한다는 뜻이 아니라, 예수는 존재론적으로 접근되어서는 아니 된다는 뜻이다. 그렇다면 "예수"는 무엇인가?

예수는 "의미"이다. 예수는 우리에게 의미 있는 것으로서 전달되어져 내려온 의미의 전승이다. 그 의미를 생생한 존재처럼 느끼는 사람들에게도 나는 존경심을 표할 수 있다. 그러나 반드시 하나의 단서가 있다. 예수라는 "의미체"는 개방되어야 한다는 것이다. "개방"이란 무엇인가? 그것은 무한한unlimited 해석의 다양성을 용인해야 한다는 것이다. 이 관용성이 없다면 "신학theology" 자체가 존립할 바탕이 사라진다. 신학은 도그마가 아니다. 신학을 도그마라고 주장하는 사람들은 신학을 교리와 착각하고 있는 것이다. 김명수는 신학을 천착하는 사람이지 교리를 선전하는 사람이 아니다.

김명수 교수는 예수라는 의미체가 역사적으로 어떻게 해석되어왔는지, 우선 서구사상 내에서 그 다양한 갈래를 파악하고, 그러한 파악 속에서 동양사상과의 접점을 모색한다. 그런데 사실 그가 말하는 동양사상이란 하나의 "체계System"라기보다는 그가 일상적 삶 속에서 체험할 수밖에 없는 "느낌Feeling"이다. 그 느낌 속으로 예수를 해체시키고 싶어하는 것이다. 나는 예수라는 의미체 그 자체가 근원적으로 해체되어야 한다는 것을 주장하는 좀 래디칼한 입장을 취하는 사람이다. 그렇다고 나는 김명수 교수에게 거기까지 요구하지는 않는다. 김명수 교수는 안병무 선생이 말년에 추구하고 싶어했던 주제들을 천착하고 있는 것이다.

우리의 일상적 삶 속에서, 그리고 우리 선조들의 다양한 생각 속에서도 우리는 "예수"를 발견할 수 있다. 최근에 나는 『맹자』를 읽다가 「공손추公孫丑」상편에서 "천리天吏"라는 재미난 어휘를 발견했다. 맹자사상의 매우 핵심적 개념인데도 많은 사람들이 이것을 간과하고 있다. 맹자의 사상은 한마디로 "왕도王道의 실현"이다. "왕도王道"라는 것은 맹자의 특수용어이며 세 가지 큰 의미를 내포하고 있다.

그 첫째는 인정仁政의 실현이다. 그 둘째는 천하의 통일이다. 맹자가 쓰는 "왕王"이라는 말은 반드시 천하가 다 귀순되는 존재라는 뜻을 내포하고 있다. 그 셋째는 패도覇道와 반대되는 왕도王道라는 의미이다. 즉 천하를 통일하되 폭력을 써서는 안된다는 것이다. 완벽한 평화주의적 방법을 써야하며, 또다시 전쟁으로 인민을 괴롭혀서는 안된다는 것이다. 전쟁을 통해서만 전쟁을 제거할 수 있다(以戰去戰)라는 상앙商鞅의 논리를 정면으로 거부한다. 결론적으로 말하면 왕도의 실현이란 인정仁政이라는 복음의 실현에 의하여 천하를 통일시켜 도탄에 빠진 백성을 구한다는 것이다. 공자는 선비들의 자기계발이라는 하학이상달下學而上達의 상향上向에 관심이 깊었지만, 맹자의 모든 논리는 철저히 민중의 구원이라는 하향下向의 관심에 집중되어 있었다.

전국시대 제후들 밑에서 신음하는 인민들이 전쟁으로부터 해방되고 싶어하는 갈망은, 로마식민지로부터 벗어나고자 하는 팔레스타인 인민들의 메시아적 갈망과 하나도 다를 바가 없었다. 예수는 하늘나라라는 추상적 가치를 제시했지만 맹자는 통일천하라는 매우 구체적 방법론을 제시했다. 그래서 그 구체적 방법론의 주체는 "왕"이 될 수밖에 없다고 생각했다. 즉 내성외왕內聖外王의 출현만이 유일한 방법이라는 것이다. 다시 말해서 왕도王道는 현실적인 왕王a King with kingly power만이 구현할 수 있다는 것이다. 그래서 맹자는 평생 왕들을 찾아다니면서 그들을 교육시켜야 한다는 사명으로 유세를 했다.

그런데 맹자는 진정하게 왕도를 구현할 수 있는 자격을 갖춘 왕을 "천리天吏"라고 불렀다. "천리"는 곧 "예수"였다. 우리에게 예수가 특별한 의미를 갖는 것은 그가 하늘나라의 질서를 이 땅에 구현할 수 있는 자격과 힘을 위탁받은 "하나님의 아들"이기 때문이다. 마찬가지로 왕도를 구현한다는 것은 인간의 힘으로만 되는 것이 아니며 하늘(하느님)의 도우심으로써만 가능하다는 것이다. 그래서 왕도를 구현할 수 있는 왕을 그는 "천리天吏"라고 불렀다. 예수가 자신을 낮추어 "인자人子"라 했듯이, 맹자는 "왕王"을 낮은 신분의 "서리"에 비교한다. 즉 "왕王"은 "하늘의 낮은 심부름꾼"이다. 그런 뜻으로 "천리"라고 부른 것이다.

천리天吏인 왕은 왕이라는 권력에 집착함이 없이, 그 권력을 오로지 여민동고동락與民同苦同樂하는 데만 사용해야 한다. 왕됨의 기준은 어디까지나 일반백성들과 동고동락하는 보편적 가치에 있다. 그 가치를 위배하는 순간 왕은 왕의 자격을 상실한다. 혁명의 대상이 되는 것이다.

더 이상의 논지를 펼치지는 않겠지만, 동방의 고전 속에서도 "메시아"사상은 얼마든지 찾을 수 있으며, 무궁무진한 "예수"들을 만날 수 있다. 기독교인들은 자기들이 믿는 예수만이 진정한 예수라고 말할지 모르겠다. 즉 자기들만이 그리는 예수의 철저함에 다른 예수들은 어깨를 견줄 수 없다고 말할지는 모르겠으나, 인간세의 현실이란 항상 불완전한 구현태로써 이루어지기 때문에 어느 예수도 우열을 가릴 수는 없다. 나는 단지 기독교인들이 그리는 심상의 예수가 이 민족에게 철저한 사회적 정의social justice의 가치를 구현해주기를 바랄 뿐이다. 김명수 교수의 이 작품은 그러한 가치의 구현체로서 이해되어야 할 것이다.

이천십이년 이월 육일 아침

낙송암에서

서언緖言

독일에서의 유학생활을 마치고 돌아와, 신학대학 강단에 선지 어언간 20년이라는 세월이 흘렀다. 결코 짧은 기간은 아니었음을 알 수 있다. 나는 한편으로 축자영감설逐字靈感說에 근거한 근본주의와 반지성주의反知性主義 경향이 강한 한국교회의 신앙풍토에서 그동안 기독교 복음을 학문적으로 연구하고 보급하는 일에 나름대로 노력을 기울여왔다. 다른 한편으로 내 존재를 규정하고 있는 '아시아의 영성靈性'과 '성서의 영성靈性'을 어떻게 하나로 접목接木시켜 나갈 것인가에 대해 관심을 가지고, 이를 신학의 중요한 과제로 삼아왔다.

"신학은 인간학이다."라는 불트만의 정의定義에 나는 전적으로 동의한다. 성서는 인간을 말하되 신 앞에 선 인간에 대해 말하고 있으며, 동시에 신을 말하되 인간과 관계를 맺고 있는 신에 대해서 말하고 있기 때문이다. 그런 면에서 신학의 물음은 인간의 구체적인 삶과 연결되지 않으면 안 되고, 인간을 둘러싼 모든 문제는 곧 신학의 대상이 되지 않으면 안 된다.

나는 아시아인(한국인)이고 동시에 그리스도인이다. 나의 정체성 identity 안에는 이 두 가지 요소가 공재共在하고 있다. 나는 신학의 길에 들어서면서 한국인으로서의 나의 정체성에 대해 되묻지 않을 수 없었다. 아시아인으로서 신학을 한다는 것이 과연 나에게 어떤 의미를 지니고 있는가? 이 질문은 지금까지, 마치 살에 박힌 가시처럼, 항상 일상성에 매몰되어 가는 내 혼魂을 흔들어 깨워놓았다.

강단에 선 지 10여 년이 지나면서 나는 관념의 세계에서 갇혀 있는 상아탑 신학의 한계에 답답함을 느끼기 시작하였고, 구체적인 삶과 연결되지 않은 신학의 공허함을 견디지 못하였다. 나는 한편으로 신학을 구체적인 인간의 삶과 연결시키는 작업의 일환으로 밥상공동체 운동에 관심했다. 경쟁위주의 자본주의 물질문명과 사회의 중심에서 변두리로 밀린 소수자小數者들로 하여금 인간다운 삶을 살아갈 수 있도록 돕기 위해서였다.

나는 다른 한편으로 서구신학의 역사비평학Historical Criticism의 성서해석 방법론으로는 역사의 예수 탐구에 한계를 지닐 수밖에 없고, 더 이상 새로운 것이 나올 수 없다는 결론을 얻게 되었다.

인간중심Human Centrism의 서구 근대과학과 철학은, 자연에 대한 인간의 우위성과 차별성에 의거하여 인간의 가치를 추구해 왔다. 이와 달리 동양적 사고 지평에서는, 자연의 한 부분으로써 인간의 자기이해와, 자연과의 조화로움 가운데서 인간의 존재감과 윤리적 가치를 설정한다.

우리가 기존의 서구신학에 의해 제시된 신적神的 예수상의 프레임을 내려놓고, 동양적 사고東洋的 思考의 눈으로 성서를 다시 읽는다면, 인간의 일상성日常性 속에서 초월을 만나고 진리를 추구했던 전혀 새로운 스타일의 역사의 예수를 만나게 될 것이다.

나는 기독교인이기에 앞서 한국인이다. 더 나아가 아시아인이다. 나를 구성하고 있는 유전인자에는 서구적 요소보다 아시아적 요소가 우세할 것이다. 이 책에 쓴 글들은 지금까지 서구문화의 틀에서 해석된 복음을 아시아인의 정신문화 지평에서 새롭게 해석해보고자 했던 하나의 시도이다.

나는 이 시대의 사상가요 예언자이신 도올선생님의 노자강의와 중용강의를 빠짐없이 들었다. 노자강의를 통해서 나는 동양사상의 지평에서 성서를 새롭게 해석할 수 있는 눈이 뜨이게 되었다. 이 점에서 이 책은 도올선생님께 빚을 지고 있다. 중용강의를 통해서는 기독교인으로서 자연과 사회에 대하여 어떠한 자세로 삶을 살아야 하는지 배웠다. 바쁘신 중에도 흔쾌하게 서문을 써주신 도올선생님께 마음으로부터 깊은 감사를 드린다. 어려운 상황에도 출판을 허락해주신 남호섭 사장, 그리고 책을 아름답게 꾸며준 통나무 편집부 여러분들께도 고마운 마음을 드린다.

2012년 2월
부산 금련산金蓮山 화락재和樂齋에서
日損 김명수

제 1 부
역사의 예수와 복음의 본 모습

병들고 가난하고 소외받은 이웃을 일으키시는 예수
렘브란트 1650, 파리, 개인소장, 187 × 171㎜

제1장
역사의 예수를 찾아서

칼릴 지브란의 우화

나사렛 예수와 기독교인들이 믿는 신적인 그리스도가 백 년
만에 한 번씩 정기적으로 만나, 회포도 풀 겸 그 동안에 있었던
이야기를 나누기로 했다. 드디어 만나기로 한 그 날이 왔다.
두 분이 반갑게 만나 인사를 나누고 자리에 앉아 이야기를 시
작하였다. 그런데 도대체 의사소통이 되지 않았다. 서로 무슨
말을 하고 있는지, 커뮤니케이션이 되지 않는 것이었다. 한참
앉아 있다가 헤어지는 자리에서 나사렛 예수가 신적인 그리스
도에게 말했다. **"우리 다음부터 다시는 만나지 않기로 합시다!"**

역사에 실존했던 인물 예수와 그리스도교인들이 매 주일 예배 시
고백하는 신앙의 그리스도 사이에 얼마나 큰 단절이 있는가를 단적
으로 느끼게 해 주는 우화 한 토막이다. 우리가 성서에서 만나게 되
는 역사적 실존인물 나사렛 예수와, 매 주일 교회 설교단에서 선포되
고 있는 신앙의 그리스도 사이에 도대체 어떤 연관성이 있는가? 양자
는 어떤 점에 있어서 같고 다른가? 그리스도교인이라면 신앙생활을
하는 과정에서 이러한 의문을 가져보지 않은 사람은 없을 것이다.

마르틴 루터

인류역사는, 마치 씨줄과 날줄이 서로 엮이어 아름다운 천을 만들어내듯이, 여러 문명들이 서로 만나고 교차하는 가운데 형성된다. 기원전 4세기 알렉산더 대왕이 등장하여 세계를 제패한 후, 소위 헬레니즘 시대가 도래하게 된다. 그리스 문명과 근동 아시아 문명이 결합되어, 일종의 새로운 통합문명 시대가 열리게 된 것이다. 헬레니즘 시대는 오늘의 언어로 번역하면, 일종의 '글로벌 문화global culture' 시대라고 부를 수 있을 것이다.

알렉산더의 정복 이후 팔레스타인은, 프톨레미 왕조와 셀레우코스 왕조의 지배를 받아오다가, 기원전 63년부터 로마제국의 식민지로 편입되기에 이른다. 팔레스타인은 헤브라이즘과 헬레니즘 문화가 교차되는 교통과 무역의 중심지였는데, 기원전 4년경에 팔레스타인 북부 갈릴리 촌락 마을 나사렛에서 예수가 태어난다.

기독교는 역사의 실존 인물 나사렛 예수에 의해서 시작된 하나님 나라 운동에 뿌리를 두고 있다. 기원후 1세기에서 4세기까지를 초기 기독교 시대the early christianity era라고 불린다. 이 시기에 기독교는 그리스 – 로마Greco–Roman 문명과 만나면서 자기 정체성을 형성해가던 시기라고 볼 수 있다.

기원후 5세기부터 15세기까지 대략 천년 동안을 중세기독교 시대 the medieval christianity era라고 부를 수 있을 것이다. 이 시기에 기독교는 타 문화들, 특히 라틴, 이슬람, 게르만 문화와 만나면서, 보편적이고 통일성을 지닌 기독교제국Christendom 문화를 형성해갔던 시기였다.

15세기부터 20세기에 이르기까지를 근세기독교 시기the modern christianity

era라고 부를 수 있을 것이다. 마르틴 루터의 종교개혁을 기점으로, 기독교는 한편으로 유럽의 과학기술 문명 및 사라센 문명과 만나게 되고, 다른 한편으로 르네상스 고전주의 및 근대 휴머니즘 전통과 만나는 시기였다.

21세기 우리는 후기기독교 시대post christianity era에 살고 있다. 포스트모던 시대로 불리기도 하는 후기기독교 시대의 특징은 사회가 하나의 중심·하나의 가치에 의해서 지배되는 것이 아니라, 다중심多中心·다가치多價値에 의해서 지배되는 데서 찾을 수 있다. 포스트모던 시대의 기독교는 한편으로 다원화된 사회에서 부정적이든 긍정적이든 타 종교들과 만날 수밖에 없고, 다른 한편으로 동양문화의 정신적 가치들과 만날 수밖에 없는 것이 현실이다.

이상에서 간단하게 일별해 본 기독교 2천년 역사에서, 기독교 내의 사상적 혁명을 이루어낸 시기가 다름 아닌 종교개혁 시대였다고 볼 수 있다. 천년 동안 지속되었던 중세 기독교제국의 신앙체계와 기독교 전통들이 의문시되면서, 당시 로마 기독교는 혼란과 갈등의 소용돌이 속으로 빠져들었다. 이 때 개혁의 기치를 내걸고 저항의 선봉에 섰던 사람이 다름 아닌 마르틴 루터Martin Luther였다. 루터는 중세 기독교의 신앙체계와 가치들에 저항하고, 기독교 역사의 새로운 시대를 열었다는 점에서 의미를 지닌다.

1517년 10월 31일, 어거스틴 수도원 출신의 신부요 비텐베르크대학의 성서학 교수인 마르틴 루터가 저 유명한 95개 조항의 테제를 발표한 날이다. 이 날은 프로테스탄트의 생일이기도 하고, 서구 기독교 역사에서 근대 시민사회의 출발이자 개인의 자유가 탄생하는 위대한 순간이기도 하였다.

루터의 종교개혁은 무엇보다도 성서연구와 함께 시작되었다. 성서는 어느 시대이건, 교회에 의해서 해석되어 왔다. 중세기독교는 스콜라 철학*의 논리에 의거하여 성서를 해석했다. 스콜라 철학에 의해서 해석된 성서는 단지 기독교 교리(도그마)를 정당화하기 위한 하나의 수단으로서, 단지 부수적인 존재이유가 있을 뿐이었다.

루터는 이에 항거하였다. 그는 제일 먼저 사제들만이 독점하고 있던 라틴어 성서를 독일어로 번역하는 작업에 착수하였다. 사제계급의 전유물이었던 성서를 평신도들에게 돌려주는 운동을 벌였던 것이다. 동시에 루터는 스콜라 철학의 도그마로부터 성서를 해방시켰다. 그는 성서를 원전으로 읽기를 독려하였다. 히브리어나 그리스어로 된 성서 원전 읽기 운동을 벌였던 것이다.

중세에서 근세에로 넘어오던 과도기였던 당시에는 르네상스 운동이 활발하게 전개되었다. 중세 기독교의 가치나 질서가 더 이상 먹혀들지 않고, 아직 새로운 가치가 나타나지 않은 혼돈과 무질서의 시대였다. 이 때에 고전으로 돌아가자는 운동이 벌어졌다. 르네상스가 내걸었던 슬로건 중 하나가 **"아드 퐁테스**_ad fontes!_"였다. "고전으로 돌아가자!" "근원으로 돌아가자!" "뿌리로 돌아가자!" 이것은 처음으로 돌아가 다시 시작하자는 운동이었다. 그래서 그들은 호메로스나 플라톤의 작품들을 기독교나 이슬람교의 문화에 의해서 굴절된

---

* 스콜라 철학scholasticism은 계시의 진리를 증명하는 방법으로써 철학적 이성을 도구로 삼았다. 존재의 뿌리를 파고들어가면 궁극적으로 만나는 것은 일자―者인데, 다른 것에 의해 생성되지 않으면서 모든 존재를 생성시키는 일자는 스콜라 철학에서는 신이라 한다. 중세기독교는 이런 식으로 신의 존재를 증명한다

형태가 아니라, 그리스어로 읽었다. 기독교계에서는 원어로 고전을 독해하자는 운동의 선봉에 에라스무스가 서 있다.

루터도 이러한 르네상스의 영향을 받았음은 물론이다. 그의 종교 개혁 모토 중 하나가 **"오직 성서만으로!**_sola scriptura_"이다. 중세 기독 교가 쓰고 있던 스콜라 철학의 안경을 벗어 던지고, 오직 성서로 돌 아가 성서를 읽자는 것이었다. 그것은 곧 **"성서를, 성서 자신으로 하여 금 말하게 하라!**Let Bible say Bible itself"는 운동이었다.

마이스터 엑카르트

루터의 종교개혁에 결정적인 영향을 끼친 교부 중 한 분이 마이스 터 엑카르트Meister Eckehart였다. 엑카르트는 루터보다 대략 2백 년 앞에 살았던 중세의 신비가로써, 루터의 종교개혁 사상에 지대한 영 향을 끼쳤다. 어거스틴, 토마스 아퀴나스로 이어지는 중세 기독교 학 자들은 인간의 타락과 죄성罪性을 강조하였다. 원죄의 뿌리를 타고 난 인간이기에 스스로의 가능성을 철저히 부정하고, 오직 하나님의 은총에만 매달리는 신앙이 강조되던 시대였다.

이와 같이 원죄론原罪論이 지배적인 풍토에서, 엑카르트는 창조론 에 근거하여 복음을 새롭게 해석하였다. 하나님께서는 인간을 '하나 님의 모양_imago dei_'에 따라 지으셨다는 것, 인간에게 만물을 관리하 도록 위탁하셨다는 것, 인간을 만드신 후 하나님은 기뻐하셨다는 점 을 강조했다. 그는 창세기 1장의 주요 내용에 근거하여, 인간은 죄인 으로 태어나는 것이 아니라, 복된 존재로 태어난다고 주장했다. 그는 성서의 기본 사상을 원죄설보다, 원복설原福說에서 찾았다. "하나님은 존재이다*deus esse est*"라는 토마스 아퀴나스의 명제命題를 뒤짚어 엑카르는 "존재는 하나님이다*esse est deus*"라고 하였다. 하나님의 피조 세계에 대한 절대긍정이 엑카르트 사상의 출발점이다.

"하나님의 영광만을 위하여!" "하나님의 능력만 의지하여 살아가는 삶!"은 한국교회에서 강조되는 신앙인의 모습이다. 이러한 신앙이 강조되면 될수록 그렇게 살아가는 신앙인을 찾아보기 힘든 것이 기독교의 현실이다. 그러나 엑카르트는 하나님의 영광을 위하여 사는 삶을 경계하고, 오히려 신앙인은 하나님으로부터 자유로워야 한다고 말했다. "나는 하나님으로부터 자유롭게 해 달라고 하나님께 기도한다." "하나님을 위해서 하나님을 놓아버리고, 하나님을 위해서 일한다는 생각에서 떠나야 한다." 이러한 엑카르트의 고백들은 "하나님을 위해서"라는 말을 입에 달고 살지만, 실상은 하나님 없이 살아가고 있는 신앙인들에게 하나의 경고로 다가온다.

하나님은 죄로 죽어 마땅한 인간을 벌주고 심판하기 위해서가 아니라, 사랑하고 구원하기 위해서 인간을 창조하셨다는 것이다. 성서의 기본 사상은, 하나님의 심판과 징벌에 있는 것이 아니라, 은총과 축복에 있다는 것이다. 이와 같이 엑카르트는 기독교 진리의 진수를 원죄설original sin이 아니라 원복설original blessing에서 찾았다.

"나는 하나님의 형상과 모양을 지니고 태어났다"는 깨달음을 가지고, "내 안에 잠재해 있는 하나님의 씨앗을 잘 보살피고 싹을 틔워 열매 맺는 삶을 살아야 한다"는 것, 이것을 엑카르트는 하나님과 내가 하나 되는 사람, 곧 하나님 아들로서 다시 태어나는 삶이라고 한다. 그는 그리스도인에게 세상 한복판에서 언제나 하나님을 만나고,

일상 속에서 하나님을 대면하는 삶을 살 것을 촉구하였다.

세상 한복판에서 하나님을 대면하는 삶, 하나님 아들로서 주체적으로 사는 삶을 일컬어, 엑카르트는 '초탈超脫Abgeschiedenheit'이라고 불렀다.

엑카르트는 기독교인이 계발해야 할 세 가지 영성에 대해서 말한다. 성서적 영성, 예언자적 영성, 신비적 영성이 그것이다. 성서의 영성은 곧 창조의 영성이다. 나는 이미 하나님의 복을 지닌 존재로 태어났다는 것, 나는 복을 받는 것이 아니라, 내 존재 자체가 복이라는 사실을 깨닫고 사는 것이다. 그것이 그가 말하는 성서적 영성이다. 예언자적 영성은 무엇인가? 우리가 살고 있는 사회 속에서 정의를 세우며, 이웃과 더불어 사는 인간의 얼굴을 한 사회를 건설하는 것이다. 신비적 영성은 황홀경 속에서가 아니라 일상적인 생활 속에서 하나님을 대면하는 삶을 사는 것이다.

인간은 원래 죄인으로 태어난 것이 아니라, 하나님의 절대은총 가운데 복된 존재로 태어났다는 엑카르트의 사상을 받아들여 루터는 종교개혁의 기본 정신으로 삼았다. 내가 원래 복된 존재라는 것을 깨닫고 이를 믿고 실천할 때 의롭게 되고 구원에 이르게 된다는 루터의 이신칭의Justification 배경에는 엑카르트가 서 있음을 알 수 있다.

『논어論語』의 「학이편學而篇」에 "본립이도생本立而道生"이라는 말이 나온다. 근본을 바로 세워야 진리가 드러나게 된다는 것이다. 루터는 성서로 돌아가, 복음의 근본을 다시 세우려고 했다. 그럼으로써 타락한 중세교회를 개혁하고, 기독교의 새 시대를 열어젖혔던 것이다.

주지하다시피, 기독교의 근본은 나사렛 예수의 하나님나라 운동이다.

그런데 2천 년을 지내오면서 기독교는 근본에서 너무 멀어져 버렸다. 아니, 오히려 근본을 잃어버렸다고 말해도 과언이 아닐 것이다. 요즈음 근본을 되찾자는 말이 회자되는 것은, 그 만큼 정황이 다급하다는 방증이기도 하다. 한국교회의 양적인 성장과 발달은 오히려 한국교회를 복음의 근본에서 멀어지게 만들었고, 기복신앙은 한국교회의 발을 묶는 족쇄가 되어버린 지 오래다.

요즈음 서점가를 가보라. 교회 성장을 위한 비결을 말하고, 효과적인 목회상담에 관한 책들이 베스트셀러가 되고 있다. 웃음치료니, 심리치료니, 도대체 치료자가 붙지 않으면 장사가 안 될 정도로 되었다. 물론 그런 책들을 읽지 말라는 것은 아니다. 읽어야 한다. 그러나 잊지 말아야 할 것이 있다. 복음의 근본을 바로 세우는 일이다. 본립本立의 길은 성서를 읽는 데 있다. 성서에 본립本立의 길이 있다.

엑카르트에게서 시작되어 루터에게서 꽃을 피운 종교개혁 운동은 다른 것이 아니다. 성서로 돌아가 하나님과 예수를 바로 알고, 바로 믿자는 운동이었다. 성서가 증언하고 있는 복음의 근본인 역사의 예수에게로 돌아가자는 운동이었던 것이다.

나의 어린 시절

나는 충청도 부여 홍산이란 곳에서 태어났다. 하늘만 올려다 보이는 산촌이다. 초등학교 4학년까지 아버지 얼굴을 보지 못하고 할머니와 어머니 품에서 자랐다. 집에서 학교까지의 거리가 5㎞였는데, 매일 왕복 10㎞씩 걸어 다닌 셈이다.

그래서인지 나는 지금도 걷기를 좋아한다. 부산의 집에서 직장까지 6㎞, 전에는 매일 걸어 다녔다. 걸으면 길옆에 피어있는 들꽃이 보인다. 내 얼굴을 스쳐가는 시원한 바람이 느껴지고, 하늘에 떠 가는 조각구름이 보인다. 봄이 오는 소리가 들리고, 계절이 지나가는 소리가 들린다. 길거리에서 하루하루 고달프게 살아가는 사람들의 모습이 보이고, 그들의 한숨 소리가 들린다. 나는 걸으면서 사람과 만나고, 자연과 만나고, 우주와 소통하는 시간을 갖는다.

초등학교 4학년 때 아버지가 계신 대천이란 곳으로 이사를 했다. 그곳에서 처음으로 지붕 위에 십자가를 보게 되었고, 그 집이 교회라는 것을 알게 되었다. 나는 교회가 무엇하는 곳인지 궁금했다. 주일날 종소리에 이끌리어 나도 모르게 교회로 발길을 돌렸다. 목사님의 설교를 처음 들었는데, 어린 나이에 이해할 수는 없었지만, 어느 분이 나를 대신하여 죽었다는 내용이었던 것 같다. 당시 나는 생각했다. 내가 무슨 죄를 얼마나 많이 지었는지 모르겠지만, 나를 위하여 죽어주었다는 사람의 얘기를 들으니, 그 분이 고맙게 생각되었다. 그래서 교회를 다니게 되었다. 그 때 내 나이 열 살이었다. 이렇게 해서 맺게 된 예수와의 인연으로, 지금까지 60평생을 하나님의 발길에 채여 살아가고 있다.

고등학교 때 서울로 유학을 왔다. 영등포 신길동 산동네에 외갓집 식구들이 셋방살이를 하고 있었는데, 방 한 칸에 6명이 함께 살았다. 밤에는 한방에서 모두 모로 누워 칼잠을 자야 했다. 나는 방 문지방 제일 가까이에서 잤다. 한겨울이었다. 하루는 잠을 자는데, 내가 깊은 낭떠러지로 끝없이 추락하는 꿈을 꾸었다. 무언가 소리쳐야 되겠는데 도저히 소리가 목구멍에서 나오지를 않고 버둥대기만 했다. 내

옆에서 자고 있던 외삼촌께서 벌떡 일어나며 "연탄가스다"하며 소리쳤다. 식구들은 나를 끌어다가 맨땅 위에 눕혀놓고 땅 냄새를 맡게 했다. 이모께서 울고있는 소리가 아스라이 귓전에 들려왔다. 이 때 나는 삶과 죽음의 경계를 체험하면서, 삶과 죽음이란 것은 종이 한 장 차이밖에 없구나 라는 것을 새삼 깨닫게 되었다.

대학 다닐 때는 박정희 군사정권 시절이었다. 군사정권은 경제개발 5개년 계획을 발표하고, 너나 할 것 없이"잘 살아보세"를 외치던 시기였다. 나도 가난한 현실에서 벗어나 잘 살아볼 일념으로 공과대학에 들어갔다. 대학 3학년 때 당시 용산에 있는 철도청 공작창에서 한 달 동안 실습을 하였다. 추운 겨울이었다. 선반에서 쇠를 깎고 희미한 전등불 밑에서 설계도면을 그리면서, 이것이 내 평생 직장이 되어야 한다고 생각하니 정신이 번쩍 들었다. "한 번뿐인 인생인데, 이렇게 살아야 하는가 …"라는 생각이 뇌리에 퍼뜩 스쳐 지나갔다.

한신대학교 시절

일반대학을 다니던 시절, 나는 서대문 네거리에 있는 순복음교회에 출석하면서, 방언, 신유, 입신체험 등 주관적인 체험 신앙에 불붙어 있었다. 대학 4학년이 되던 해, 하루는 앞으로 진로문제를 가지고 조용기 목사님과 상담을 한 적이 있다. 내 이야기를 다 듣고 나서, 조 목사님께서 신학을 공부하는 게 어떻겠느냐고 하시면서, 내 양 어깨에 손을 얹고 기도해주었다.

일반대학을 졸업하고, 1972년 나는 한국신학대학 3학년에 학사편입을 하였다. 당시는 목회자 전문과정(MDiv.) 코스가 생기기 전이었다.

한신대학에 들어가서 나는 많은 점에서 당황했다. 나는 신학공부가 내가 순복음교회에서 체험한 방언이나 신유, 입신 신앙을 강화하는 것인 줄 알았다. 채플시간에 방언기도를 하려고 하면 학생들이 이상한 눈초리로 나를 쳐다보았다. 헬라어, 히브리어 문법을 공부해야 하고, 단어를 외워야 했다. 밤새도록 머리 싸매서 이해되지도 않는 신학서적들을 읽고 요약하여 리포트를 작성하고 발제를 해야 했다. 세속적인 학문을 공부하는 것과 다를 바가 없었다.

처음에는 "아이고, 이것 잘못 들어왔구나"하는 생각이 들었다. 그러나 이미 나는 강 한가운데 와 있었고 돌이킬 수도 없었다. 그러면서 두 학기 정도 지나니, 신학이 무엇인가 어렴풋이 감이 잡히기 시작했다.

신학을 공부하면서 나는 지금까지 내가 체험했던 신앙이 기독교 신앙의 전부가 아니라는 것을 깨닫게 되었다. 순복음교회에서 체득된 신앙체험은 마치 맹인이 코끼리 코를 만지며, 코끼리는 나무기둥처럼 생겼구나 생각하는 정도였다.

순복음교회에 다녔을 때가, 나 개인의 주관적 신앙체험에 몰두했던 시기였다면, 신학교에서는 내가 몸담고 있는 이 사회에서 기독교인으로 산다는 것이 무슨 의미가 있는지에 대해서 생각하게 되었다. "나를 위한*pro me*" 신앙에서 "우리를 위한*pro nos*" 신앙에로 복음의 사회적 차원을 발견하게 된 것이다.

나는 신학교에서 안병무, 서남동, 박봉랑, 김정준, 함석헌 선생의 강의를 들으면서, 순복음교회에서 채울 수 없었던 신앙의 갈증을 해결할 수 있었고, 마치 무엇인가 막혀있던 하수구가 펑 뚫리는 기분을 체험하게 되었다.

신학공부에 재미를 붙이게 된 것은 안병무 선생을 만나서부터였다. 그는 "구원의 전체성"과 "몸의 신학"을 강조했다. 그래서 나는 학교 기숙사에 있는 후배들과 함께 검도부와 요가부를 만들어 새벽기도회를 마치고 나면 산의 공터에 모여 몸 수련하는 데도 게을리 하지 않았다.

대학원 두 번째 학기였다. 재일동포 학생이 대학원에 유학하고 있었는데, 그는 중앙정보부에 의해 북한지령을 받고 남파된 간첩혐의를 받고 체포되었다. 나 또한 그와 친하게 지냈다는 이유로 중앙정보부에 연행되었다. 나는 그의 지령으로 한신대 학생운동을 배후 조종한 혐의를 받고, 10년형을 선고받아 감옥생활을 하게 되었다. 그러나 박 대통령이 암살당하는 사건이 일어났고, 나는 1,540일만에 출소하게 되었다.

나는 중앙정보부에서 한 달 동안 감금당하고 취조받는 과정에서 온갖 고문을 당했고, 감옥이라는 극한상황에서 죽을 고비도 겪었다. 밖에서 열심히 해 두었던 요가가 이곳에서 쓸모가 있을 줄 몰랐다. 이때 몸에 습관 들여 놓았던 요가와 명상은 40년 이상 지속되고 있으며 내 생활의 한 부분이 되어버렸다.

감옥생활을 하면서 나에게는 두 가지 큰 소득이 있었다. 하나는 사회의 밑바닥 인생들을 만나고, 밑바닥 생활을 체험하게 된 것이다. 이러한 사회의 밑바닥 체험은 내 신학과 인생의 방향을 잡는 데 방향타方向舵 역할을 해 주었고, 지금도 또한 그러하다.

또 하나는 밖에서 읽을 수 없었던 서적들을 집중적으로 읽은 것이다. 플라톤, 칸트, 헤겔, 하이데거를 비롯하여 기독교에 영향을 끼친 철학과 인문학에 관한 책들을 탐독했다. 논어, 중용, 주역을 비롯한 동양 고전들도 열심히 읽었다. 희랍어로 된 신약성서 원전도 몇 차례 읽고, 독일어로 된 신학서적들도 여러 권 읽었다. 일본어도 독학으로 책을 읽을 만큼 깨치게 되었다. 제한된 공간에서 내가 할 수 있는 일이란, 건강을 챙기는 일과 책 읽는 것밖에 없었다.

나는 학생들을 가르치면서, 인생을 성공적으로 살기 위해서는 인생에 어떠한 계획을 가져야 하는가? 인생을 어떻게 설계해야 하는가? 라는 질문을 종종 받을 때가 있다. 그때마다 내가 해주는 이야기가 있다. 일은 계획을 세워 하되, 인생은 주어지는 대로 거기에 맞추어 살라고 한다. 아무리 좋고 훌륭한 계획을 세워보았자, 계획대로 되지 않는 것이 인생이다. 나는 고등학교 때 훌륭한 군인이 되는 것이 꿈이었다. 공과대학에 다니면서는 엔지니어가 되는 것이 꿈이었다. 신학교 다닐 때는 유명한 부흥목사가 되는 것이 꿈이었다. 그러나 지금 나는 어떤가? 신학교 교수가 되어 신학생을 길러내는 일에 평생을 바치고 있다. 일은 계획을 세워 하지만, 인생은 주어지는 대로 산다는 것이 내 인생 철학이다. 하나님께서 주시는 대로, 그 자리에서 최선을 다할 뿐이다.

오직 모를 뿐, 오직 최선을 다할 뿐!

감옥생활에서 깨닫게 된 몇 가지 소중한 보물이 있다. 인생에는 좋고 나쁜 것이 따로 없다는 것이다. 단지 좋고 나쁘다는 생각이 있을 뿐이라는 것이 그 하나이다. 시是와 비非도 마찬가지다. 옳고 그름은 주관적이고 상대적인 개념이지, 결코 객관적이거나 절대적인 개념이 아니라는 것이다. 선과 악도 마찬가지다. 실체적으로 선악이 존재하는 것이 아니다. 그것은 상황에 따라 또는 보는 시각에 따라 바뀔 수 있는 관계적 개념들이다. 주어진 상황이 나를 부자유하게 만드는 것이 아니라, 시비를 가리는 내 생각이 나를 부자유하게 한다는 것이다. 상황이 나를 속박하는 것이 아니라 내 생각이 나를 속박하는 경우가 많다. 이러한 착각에서 깨어나야 한다는 것을 나는 깨달았다.

본래 양약이나 독약이 따로 존재하는 것이 아니다. 조건에 따라 독약이 양약이 될 수 있고, 양약도 독약이 될 수 있다. 인삼은 양약이지만 열이 많은 사람이 먹으면 오히려 독이 되지 않는가! 아편도 적당량을 사용하면 양약이 되기도 한다. 배고픈 사람에게 밥 한 그릇은 약이 되지만, 배부른 사람에게 한 그릇의 밥은 독이 된다. 동일한 인삼이라 해도, 경우에 따라 약으로 작용하기도 하고 독으로 작용하기도 한다.

나는 감옥에 갇혔을 때, 지금 이 순간, 나는 감옥에 갇혀있다는 사실을 있는 그대로 받아들이기로 했다. 거기에 내 감정을 이입시켜 남을 원망하거나 외부 정치적 환경의 탓으로 돌리지도 아니했다. 내가 감옥에 갇혔다고 해서 내 인생 망쳤구나 하고 자포자기自暴自棄하지도 아니했다. 왜 그런가? 인생에 좋고 나쁜 것이 따로 없다고 생각했기 때문이다. 내가 지금 감옥에 갇힌 것이 앞으로 내 인생에 득得이 될지, 아니면 손損이 될지, 나는 섣불리 단정 짓지 아니했다. 지금 내가 놓인 감옥이라는 극한상황에서, 내가 할 수 있는 일이 무엇인가를 먼저 생각했다. 감옥이라는 '지금 – 여기'에서 내가 할 수 있는 일이란,

책 읽는 것밖에 없었다. 그래서 읽고, 또 읽었다. 크고 작은 책들을 대략 3백 권 정도 읽은 것 같다.

성공했구나! 하고 기뻐하는 순간, 그 속에 비극의 씨앗이 싹틀 수도 있고, 신세 망쳤구나! 하고 절망하는 순간, 그 속에 희망의 씨앗이 움틀 수 있다. 지난날 즐거웠던 한 순간이 지금 나에게 고통이 되기도 하고, 어려웠던 순간이 지금 나에게 복이 되는 경우도 있다. 그러니 좋다고 자만할 것도 없고, 나쁘다고 비굴할 것도 없는 것이 인생이다. 나에게 어떤 일이 닥치든지, 내 주관적인 생각에 휘둘리지 않고 사물을 있는 그대로 볼 수 있는 눈이 뜨이게 되었다. 인생을 살아가면서 격게되는 대소사大小事 가운데 좋거나 궂은 일이 따로 있는 것이 아니다. 비가 와도 좋고 햇빛 나도 좋아야 한다. 하루하루가 좋은 날이요(日日是好日) 감사의 날이 되지 않으면 안 된다는 깨달음을 얻게 되었다.

조물주는 한 쪽 창문을 닫으시면, 반드시 다른 창문을 열어놓고 계시다는 믿음을 갖게 되었다. 하늘이 무너져도 솟아날 구멍이 있다는 속담도 이와 같은 맥락에 서 있다. 뜻이 있는 곳에 길이 있기 마련이고, 하나님께서는 우리가 감당할 수 없는 시련을 결코 주시지 않는다는 것이다. 우리가 믿음이 부족해서 하나님께서 열어놓고 계신 다른 창문을 발견하지 못하고 일찌감치 자포자기할 뿐이다. 나는 하나님의 절대 사랑 안에서 살아가고 있다는 확고부동한 믿음을 잃지 않는다면, 어떠한 어려움을 당한다 해도, 당황하지 않고 침착하게 대처할 여유가 생기게 된다.

이 세상에는 공짜가 없다는 깨달음이다. 무슨 일을 하든지, 거기에는 반드시 반대급부가 따르기 마련이다. 비록 지금 내가 어려움 속에 있지만, 앞으로 내 인생이 어떻게 펼쳐질지는 아무도 모른다. 오로지 하나님만 알고 계신다. 그러니 내가 미리 인간적인 생각으로 예단豫斷하여 걱정할 필요가 없다. 결과는 하늘에 맡기고, 지금 이 자리에서 오직 최선을 다할 뿐이다. "오직 모를 뿐, 오직 최선을 다할 뿐!"

세 개의 눈

인생을 살아가는 데는 세 개의 눈이 필요하다. 첫째는 사물을 객관적으로 보는 눈, 곧 현실세계를 있는 그대로 보는 눈이 있어야 한다. 검은색 안경을 쓰고 보면, 세상이 온통 검게 보이고, 노란색 안경을 쓰고 보면 노랗게 보인다. 안경을 벗고 세계를 있는 그대로 보는 눈이 있어야 한다. 주관적인 감정에 사로잡혀 세계를 보면, 있는 그대로의 세계가 보이지 않는다.

둘째는 기억의 눈이 있어야 한다. 지나간 일은 무엇으로 보는가? 기억의 눈으로 본다. 기억의 눈을 통하여 우리는 지나간 과거 일을 회상하고 떠올리게 된다. 과거를 회상함으로써 현재 내가 바른 길을 가고 있는가 가늠할 수 있다. 그리스도인은 항상 무엇을 기억하고 있어야 하는가? 역사적 예수의 삶과 가르침을 기억하고 있어야 한다. 그 분의 삶과 가르침을 거울 삼아, 항상 내 자신의 모습을 비추어 보는 습관을 들여야 한다. 내가 잘못된 길을 가고 있다면, 이를 바로 잡아야 한다.

셋째는 믿음의 눈이 있어야 한다. 꿈 너머 꿈이 있어야 한다. 히브리서는 믿음을 어떻게 정의하고 있나? 믿음은 바라는 것들의 실상이요, 보지 못하는 것들의 증거라고 했다(히11:1). 지금 눈앞에 보이는 것, 그 너머를 보는 눈이 믿음의 눈이다. 우리는 믿음의 눈을 가질 때, 바랄 수 없는 것을 바라게 되고, 사물을 넘어서 그 본질(hypostasis)을 꿰뚫어 보게 된다. '꿈'과 '꿈 너머 꿈'은 다르다. '꿈'이 나의 소망과 내 행복을 이루는 것이라면, '꿈 너머 꿈'은 우리의 꿈과 우리의 행복을 이루는 것이다. 나의 꿈을 이루는 데 만족하지 않고, 우리의 꿈을 이루기 위해서는 믿음의 눈이 있어야 한다. 신앙은 믿음의 눈을 갖게 한다.

독일 유학 시절

출옥한 후 나는 마가복음에 나타난 예수의 수난 이야기로 석사학위 논문을 제출하였다. 1970년대 한국의 민중이 당했던 수난의 빛에서 예수의 수난을 재조명하는 일이었다. 대학원 졸업 후, 안병무 선생에 의해 설립된 한국신학연구소에서 일하였다. 연구소 일을 하면서 나는 국내의 유수 신학자들과 몰트만, C. S. 송 등 세계적으로 명성을 떨친 신학자들을 만나 신학의 깊이와 넓이를 더 할 수 있었다. 나는 감옥에서부터 독일어를 열심히 공부한 덕으로 WCC 장학생으로 선발되어 독일 함부르크대학에 유학하게 되었다.

신학을 본격적으로 공부하면서 나의 관심을 끌었던 것은, 신적 존재인 천상의 그리스도보다는 역사에서 실제로 살았던 나사렛 예수가 누군가라는 점이었다. 내가 공경하고 사랑하는 예수는 도대체 어떤 분이었는가? 어떻게 살았고, 무엇을 생각하였는가? 그 분이 이루고자 했던 꿈은 무엇이었고, 가르침의 내용은 무엇이었는가? 역사에서 살았던 예수의 삶과 가르침이야말로 내가 본받아야 할 삶과 학문의 이정표였던 것이다. 이 화두를 가지고 나는 성서학의 본고장인 독일에서 7년 동안 씨름을 하였다.

예수 말씀복음서 Q 연구

복음서에서 역사적 예수의 발자취를 찾다 보니, 한 가지 사실을 발견하게 되었다. 복음서에서 전해지고 있는 예수 이야기들은, 크게 두 가지 유형으로 분류될 수 있었다. 예수가 병자를 고치고 귀신을 내쫓은 기적행위와 수난을 당하고 십자가에 처형된 이야기, 곧 예수의 삶과 관련된 이야기가 그 하나였고, 예수가 제자들이나 일반 민중에게 가르치고 설교한 말씀들이 다른 하나였다.

마가가 주로 예수의 기적행위와 수난 이야기를 중심으로 복음서를 기록하고 있다면, 독립된 복음서로서 아직 발견된 것은 아니지만, 마태와 누가복음에 공통으로 전해지고 있는 큐복음서는 지혜나 예언, 교훈이나 훈계 등 주로 예수께서 가르친 말씀 중심으로 기록되어 있었다.

큐복음서에 등장하는 말씀들이, 예수의 입에서 나온 말씀들을 직접 받아 적은 것은 아닐지라도, 적어도 예수의 육성*ipssisima vox*에 가장 가까이 서 있는 말씀이라는 점에 대해서는 학자들 사이에 이견이 없다. 큐복음서와 비슷한 문학유형으로 기록된 복음서가 있다. 1945년 이집트 나일강 유역의 나그 함마디Nag Hammadi에서 발견된 도마복음서가 그것이다. 도마복음서 저자는 114편의 예수 말씀들을 모아 하나의 독립된 복음서를 작성했던 것이다. 도마복음서의 발견으로

Q복음서의 존재 개연성은 그만큼 높아졌다고 볼 수 있다. 이 두 복음서는 예수의 말씀만을 모아 작성되었는데, 따라서 일종의 '예수말씀 복음서Jesus Sayings Gospel'라 부를 수 있을 것이다.

큐복음을 연구하면서 알게 된 새로운 사실들은 나를 흥분시켰다.

1) 큐복음에는 성령 잉태, 동정녀 탄생, 기적, 부활, 승천, 재림과 같은 신적 존재로서의 예수상이 등장하지 않는다는 사실이다. 기독교 교리의 핵을 이루고 있는 대속과 부활신앙도 찾아볼 수 없다. 신적 그리스도 사상도 나타나지 않는다.

2) 예루살렘교회와 바울로 이어지는 사도교회 전통에서 예수는 신성을 지닌 하나님의 아들 구세주로서 숭배되고 있다. 반면 큐교회나 도마교회 전통에서 예수는 우리에게 살아가는 데 필요한 지혜를 가르쳐주는 스승이요 예언자로 등장한다.

3) 사도교회 전통에서 예수는 믿음과 숭배의 대상이 되고 있다면, 큐교회와 도마교회 전통에서는 '따름'과 '본받음'의 대상이 되고 있다. 예수를 믿고 예배드림으로써 구원을 얻고 복을 받는 것이 아니라, 그의 가르침을 듣고 깨달음으로써 나는 예수와 같이 하나님의 아들로서 살아가게 된다. 예수는 구원의 통로라기보다 삶의 안내자로 이해된다.

4) 큐에서는 예수를 믿어 무언가 소득을 얻으려 하는 기적이나 기복신앙을 찾아볼 수 없다. 소득의 방편으로 예수를 믿는 것이 아니라, 큐는 예수 따라 '버리고 떠남'을 신앙의 본령으로 삼았다. "3무신앙三無信仰," 곧 무소유, 무가정, 무고향이 큐교회 영적 지도자들의 생활지침이었다. 이와 비슷한 사상을 우리는 노자의

도덕경에서 찾아볼 수 있다.

5) 큐는, 인간과 '차별되는 예수'가 아니라, 인간과 '하나 되는 예수'에서 참 메시아의 모습을 보았다. 사회의 소수자들과 한 식탁에 앉아 먹기를 탐하고 마시기를 즐기는 예수, 세리나 창녀를 가리지 않고 교제를 나누는 예수, 바리새인들이 그어놓은 율법의 경계에 매이지 않고 자유자재로 행동하는 예수, 사회적 약자들과 동고동락하며 삶의 동반자로 살아간 예수의 모습에서 Q는 하나님 아들의 참 모습을 보았던 것이다.

6) 예수를 삶의 동반자로서 받아들이고, '지금 선 자리'에서 내가 '작은 예수'로 사는 것이 큐가 지향했던 참 그리스도인의 모습이었다. Q신앙의 궁극적 목표는 예수를 믿어 구원에 이르는 것이 아니라 예수를 따름으로써 내가 환생한 예수로 사는 것이다.

위도일손爲道日損

귀국 후 나는 부산에 내려와 후학들을 가르친 지 어언 20년이 흘렀다. 신학을 한다는 것은 단지 예수에 관한 지식을 쌓아가고 가르치는 것에 그쳐서는 안 되고, 예수 따라 날마다 비우고 덜어내는 삶을 살아야 한다는 생각이 들었다. 예수를 본받아 *imitation Christi* 매일 비우고 덜어내는 삶을 산다는 뜻에서 나는 도덕경에서 따온 일손日損이란 호를 스스로에게 지어주었다. 도덕경 48장에는 "위학일익爲學日益, 위도일손爲道日損"이라는 구절이 나온다. 학문을 한다는 것은 날마다 지식을 쌓아가는 것이요, 진리를 닦는다는 것은 매 순간 이미 소유하고 있는 것을 덜어내는 것이다. 진리를 닦기 위해서는 내 속에 찌든 쓸데없는 잡학雜學들을 덜어내지 않으면 안 된다. "덜어내고 또 덜어내어

又損"**"억지로 함이 없음에 이르는 것**"이 진리(道)의 길이다. "무위無爲의 경지에 이르러 하게 되면 하지 않음이 없게 된다 以至於無爲。無爲而無不爲。"고 도덕경은 말한다. 억지로 함 없이 하면 이루지 못하는 것이 없다 爲無爲而無不成라는 뜻이리라.

기우뚱한 균형

나의 신학과 삶은 항상 둘 사이를 오간다. 하나님과 인간, 자연과 인간, 교회와 세계, 기독교와 타 종교, 중산층과 사회적 소수자들, 결핍과 충만, 비움과 채움, 음과 양, 하늘과 땅 사이를 오간다. 둘 사이에 소통communication, 균형balance, 조화harmony를 이루는 것이 내가 추구해온 삶이다. 이를 위해서는 둘 사이를 오가되, 항상 약간 기울어진 자세를 취해야 한다. 약자 편으로 약간 기우뚱해 있어야, 전체적인 균형을 이룰 수 있기 때문이다. '기우뚱한 균형'이야말로 내가 추구하는 삶과 학문의 길이다.

정통 기독교 교리

정통 기독교 교리에 따르면 역사적 인간 예수 그리스도는 하나님의 계획에 따라 인간으로 오신 '성육하신 하나님God Incarnated'이다. 니케아 신조와 칼케톤 신조에 나타나는 삼위일체론의 제2위격 '성자'는 신성과 인성을 한 인격체 안에 지니신 분이며, 그분은 기독교 신앙 안에서 참 하나님이며 동시에 참 사람으로 고백된다. 예수는 은 유적인metaphorical 입장에서가 아니라, 실체론적substantial 그리고 문자주의적literal 입장에서 신과 동일시되었다. 이와 같은 삼위일체론과 그리스도 양성론적兩性論的 도그마는 초기그리스도교 역사에서 신학적이고 신앙 고백적 동기만 지니고 있는 것은 아니다. 당시 로마 황제 콘스탄티누스는 이러한 그리스도교 도그마를 지배 이데올로기로 삼아 로마제국을 효과적으로 통치하는 방편의 하나로 삼았던 것이다.

지금까지 기독교 신학의 역사는 "예수 그리스도를 어떻게 해석하느냐" 하는 예수 그리스도에 관한 해석의 역사라고 말해도 과언이 아니다. 신학의 중심에는 언제나 그리스도론이 자리 잡아 왔는데, 근세 이전까지는 위에서 언급된 도그마의 빛에서 예수 그리스도를 해석하는 것을 자명한 일로 여겨 왔다. 그러면 도그마적 예수 이해와 그 방향을 달리 하는 역사적 예수에 관한 연구사를 먼저 살펴보자.

자유주의 신학의 예수연구

암흑기라 불리는 가톨릭교회 중심의 중세사회에서 인간 이성 중심의 근대사회에로 이행되는 과정을 소위 계몽기라 부른다. 계몽주의 운동은 신으로부터 인간의 해방을, 신앙으로부터 이성의 해방을, 교권으로부터 세속권력의 해방을 기치로 내걸고 전개되었다. 이성과 합리성을 근간으로 하는 이러한 계몽주의 운동 물결은 당시 사회 전반에 걸쳐 진행되었는데, 그것은 인문사회 계열의 학문 뿐 아니라, 신학 분야에도 지대한 영향을 끼쳤다. 당시 신학에서는 도그마 중심의 가톨릭 신학에 대한 저항의 하나로, 인간의 이성理性에 의존하여 성서를 읽으려는 자유주의 신학이 대두되었다.

자유주의신학자들은 그동안 중세 교회의 도그마Dogma에 의해서 박제剝製화된 그리스도에서 인간 예수의 해방을 기치로 내걸고, 살과 피를 가진 역사적 예수의 모습을 찾으려는 신학적 노력을 기울였는데, 이러한 관심의 하나로 성서(특히 복음서)가 증언하고 있는 역사적 예수에 관한 연구가 활발하게 진행되었다.

이들은 성서가 하나님의 영적靈的 감동으로 기록된 '하나님의 말씀'이지만, 그것은 어디까지나 '인간의 손'에 의해서 그리고 '인간의 언어'로 쓰여진 하나님의 말씀이라는 점에 착안하여, 성서를 '이성적인 눈'으로 그리고 '비판적 시각'에서 읽기 시작하였다. 성서를 해석하는 자유주의신학자들의 이러한 자세는 "오직 성서로만*sola*

scriptura"이라는 마르틴 루터의 성서해석 원리의 연장선상 위에 있음
을 알 수 있다.

자유주의 신학자들이 역사의 예수를 찾기 위해서 제일 먼저 한 일
은 가톨릭의 도그마에 갇혀있는 역사의 예수를 도그마로부터 해방
하는 일이었다. 그들은 순수한 역사의 예수에 대한 관심에서라기보
다는 오히려 교리로부터 인간 이성의 해방을 겨냥한 하나의 방편으
로써 역사의 예수에 관심을 가졌다고 보는 것이 타당할 것이다.

알베르트 슈바이처A. Schweitzer는 1906년 『라이마루스에서 브레
데까지Von Reimarus zu Wrede』라는 주목할 만한 책을 저술했는데, 그
는 「예수 생애 연구사Geschichte der Leben Jesu Forschung」라는 부제副
題가 달린 이 책에서 18세기부터 20세기 초에 이르기까지 저술된 역
사적 예수 연구에 관한 책들을 신학적으로 평가하고 정리하는 작업
을 하였다. 이 책이 소개하는 우리가 알아두어야 할 학자들의 역사적
예수 연구 주제들을 간략하게 소개해보자.

실패한 혁명가 예수상

라이마루스는 예수의 생애에 역사적으로 접근한 최초의 학자였다.
그에 따르면 예수는 유대교의 메시아사상을 지니고 있었으며, 메시
아 대망이 곧 성취된다는 기대 속에서 살았다. 예수를 역사적으로 파
악하기 위해서는 형이상학적인 하나님의 아들이나 삼위일체 교리를
출발점으로 삼아서는 안 되고, 유대교의 종말론적 정서와 지평 위에
서 복음서가 증언하는 나사렛 청년 예수를 근거로 연구해야 한다는
것이 라이마루스의 생각이었다.

예수는 종말론적 기대 속에서 살았던 전형적인 유대인이라는 사실을 라이마루스는 두 가지 예를 들어 설명한다. 예수의 제자파송 설교가 그 첫째 예이다. "너희가 이스라엘의 모든 고을을 다니기 전에 인자가 오리라"(막10:23). 그러나 이 기대는 무산되고 말았다. 다른 또한 예는 예수와 제자들의 예루살렘 입성 장면이다. 예수는 나귀를 타고 입성하여 스가랴 예언이 자신에게서 성취되리라 기대했으나, 그 계획이 관원들에 의해서 좌절되고, 결국 십자가에 처형되고 말았다. 그리하여 예수는 십자가 위에서 **엘로이 엘로이 레마 사박타니***eloi eloi lema sabakthani*(나의 하나님, 나의 하나님, 어찌하여 나를 버리셨나이까)"(막14:34)라고 절규하며 생을 마감하였다. 예수의 이 절규 속에서 라이마루스는 메시아 왕국을 세워 유대인을 구원하고 해방하려 했던 예수의 혁명계획이 실패로 끝났다고 보았다.

예수의 목적은 하나님의 도우심으로 유대백성을 로마의 식민지 치하에서 정치적으로 해방시켜 구약에서 예언된 소위 메시아 왕국을 지상에 건설하는 것이었다. 그러나 예수는 기득권 세력에 의해서 고난 받고 십자가에 처형당함으로써 그의 계획은 수포로 돌아가고 말았다. 스승의 죽음에 낙담한 제자들은 예수가 말하지도 아니한 부활 이야기를 유언비어流言蜚語로 퍼뜨렸는데, 그들은 예수의 시체를 숨겨놓고 그가 곧 재림Parusie한다고 속여 사람들을 끌어 모아 교회를 세웠다는 것이다. 라이마루스는 복음서가 증언하는 예수 이야기를 비판적으로 성찰하는 가운데, 복음서에 등장하는 예수가 초대교회의 도그마教理에 채색되었음을 발견하였고, 기적과 부활에 관한 이야기 배후에는 제자들의 심리적 착시錯視 현상이 깔려있다고 보았다. 결국

예수는 유대교의 메시아사상에 심취하여 유대민족의 종말론적 구원
과 해방을 꿈꾸었던 실패한 혁명가였다는 것이다.

신화적인 예수상

스트라우스는 브루노 바우어B. Bauer와 더불어 헤겔의 제자로써 좌
파 신학linke Theologie의 대표 주자 가운데 한 사람이다. 그는 복음서
전체를 제자들에 의해서 재구성된 신화Mythos의 집대성으로 보았다.
복음서에 등장하는 세례받기 이전의 예수 탄생 이야기들은(마1-2장/눅
1-2장) 전혀 역사성을 담고 있지 않으며, 구약에서 나오는 메시아사상
을 해석하기 위하여 초기교회에 의해서 형성된 신화라고 보았다. 예
수가 12살 때 예루살렘 성전에서 머무는 장면은 역사적인 사건일 수
없다. 스트라우스에 따르면, 예수가 세례를 받는 장면에서 세례를 받
은 자의 메시아 됨이 세례자에게 계시되었다는 것은 비역사적이다.
예수가 시험을 당하는 복음서 이야기들도 또한 초기교회에 기원을
둔 신화의 성격을 지닌다. 그는 특히 복음서에 나오는 나사로를 비
롯한 죽은 자를 살리는 이야기들을 해석하면서, 메시아는 구약의 예
언자보다 우월해야 하기 때문에 제자들이 예수의 이야기에 이러한
소생 이야기들을 삽입시켜 예수의 메시아성을 입증하려고 했다는 것
이다. 스트라우스는 인간 상식의 영역에 맞지 않고 이성적으로 설명
이 불가능한 복음서의 이야기들 모두를 신화의 카테고리에서 그리고
역사의 예수가 아니라 초기교회에 기원을 둔 신화의 산물로 해석한다.

묵시종말의 대상자 예수상

바이쓰에 따르면, 복음서에 등장하는 "하나님 나라"는 예수 설교

의 요약이라고 볼 수 있다. 바이쓰는 이에 착안하여 최초로 종말론을 신학의 대상으로 삼았다. 그에 따르면 예수는 '장차 올' 하나님 세상적인 것에 대하여 관심을 기울인다. 미래적 특성을 지니고 있는 하나님 나라는, 역사적인 것과는 다르며 이질적이다. 그것은 사회제도와 인간역사 그리고 현세적인 모든 것을 초월한다. 바이쓰에 따르면 예수는 하나님 나라의 도래를 선포하였고, 도래하는 하나님 나라 앞에서 유대민중을 회개*metanoia*시키는 일을 일차적 소명으로 삼았다. 예수는 전형적인 후기 유대교 묵시적 종말론자의 한 사람으로서, 세례자 요한으로부터 세례를 받고 요단강에서 올라올 때 하늘의 음성을 듣고 '메시아의식*Messiasbewußtsein*'을 가지게 되었다는 것이다.

수난의 예수상

켈러는 신약성서의 주요 범주의 하나인 케리그마라는 개념에 초석을 놓았다. 그는 객관적 사실*Faktum* 기술로서의 히스토리*Historie*와 주관적 해석*Interpretation*의 역사로서의 게쉬히테*Geschichte*를 구분하였고, 순수 객관적 사실에 의거한 역사적 예수의 재구성은 불가능하며 그러한 시도는 무의미하다고 생각하였다. 우리는 복음서에서 객관적 사실로서의 예수를 발견할 수 있는 것이 아니라, 제자들의 신앙고백의 대상인 그리스도를 만날 수 있을 뿐이다. 그런 의미에서 켈러는 복음서들을 일종의 확대된 예수의 수난受難 이야기로 보았다.

사회복음적 예수상

카우츠키는 초대교회의 예수운동을 무산계급*Proletariat* 운동의 산물로 본다(누가 16장의 부자와 나사로의 이야기). 성전숙청 이야기를 해석하면서 카우츠키는 예수가 그의 추종자들과 함께 혁명을 기도하였으나, 그것이 사전에 발각되어 예수가 체포됨으로써 불발로 그치고 말았다는 것이다. 예수가 로마의 정치범으로 처형되었다는 사실을 끝까지 은폐한 흔적을 그는 복음서 곳곳에서 발견할 수 있다고 주장한다. 카우츠키에 따르면 예수운동이 초기에는 혁명적이고 사회복음적인 성격을 지니고 있었으나, 기독교가 지배세력과 결탁하여 로마의 국교로 되면서 본래의 모습을 상실했으며 지배계급의 이데올로기로 되었다.

메시아 비밀론

브레데는 복음서에서 예수의 진정한 말과 제자들의 예수에 대한 증언 사이에 불일치한 점들이 있다는 사실을 최초로 발견하였다. 본래 예수는 유대교 랍비 가운데 한 사람으로서 갈릴리에서 제자들을 가르치며 율법에 얽매이지 않고 살았는데, 율법에서 자유로운 그의 삶의 태도가 유대교 지도층에게 미움을 사게 되어 예수는 결국 죽임을 당하였다는 것이다. 예수 자신의 비非메시아 의식과 삶, 그리고 예수에 대한 제자들의 메시아 신앙고백 사이에는 건널 수 없는 틈이 있는데, 이 틈을 메우기 위하여 마가는 메시아 비밀Messiasgeheimnis이란 문학양식을 끌어들여 예수가 메시아 됨을 점차적으로 밝혀나갔다는 것이다.

마가는 복음서에서 역사적 예수의 전기傳記를 쓰는데 관심을 기울인 것이 아니라 예수의 메시아 됨을 기록하는 데 총력을 기울였다.

그런 의미에서 복음서는 '역사서'가 아니라 일종의 '신학서'라고 부를 수 있다는 것으로 브레데는 보았다.

철저 종말론과 예수

슈바이처는 바이쓰와 브레데가 시도한 예수의 종말사상을 더욱 철저히 정립했다. 그에 따르면 예수는 비록 시한부 종말론자는 아니었지만, 그의 생전에 곧 종말이 임하리라는 기대와 확신 속에서 살았던 열광적인 유대 묵시적 종말론자였다는 것이다. 예수는 임박한 하나님 나라의 도래를 대망하였고, 스스로 하나님 나라의 도래를 선포했으며, 하나님 나라 도래를 위해서 적극적인 활동을 하였다. 그러나 하나님 나라가 계획한 대로 도래하지 않자 그는 종말을 앞당기기 위해서 자신의 몸을 인류역사의 수레바퀴에 내어 던졌다. 그러나 인류역사의 수레바퀴는 멈추지 않고 계속 돌아갔다. 예수의 찢어진 몸은 아직도 역사의 수레바퀴에 걸려있는 것이다.

슈바이처는 예수가 선포한 산상설교를 잠정적으로 필요한 윤리 Interimsethik로 규정하는데, 그것은 종말이 올 때까지라는 잠정적인 기간에만 한정되는 윤리라는 의미이다. 다시 말하면 예수의 윤리는 시공을 초월하여 보편타당성을 지니거나 항구적恒久的인 의미를 지니는 것이 아니다. 그것은 현재와 곧 도래할 종말 사이에 유효한 윤리이다. 그런 의미에서 슈바이처는 예수야말로 '철저 종말론'에 심취했던 유대인이라고 말한다.

양식비평학

역사적 예수 연구에 관한 본격적인 논의는 양식사 비평학에서 시작된다. 초창기 대표적인 양식사 비평학자로는 슈미트, 디벨리우스, 불트만을 들 수 있다. 슈미트는 복음서가 예수의 생애에 관한 객관적 사료史料에 근거하여 기록된 것이 아니라, 기록자의 신학적 목적을 달성하기 위해서 전승자료들이 수집되어 기록되었다고 보았다. 예수에 관한 가장 오래된 역사적 전승은 초기교회의 설교 틀에서 발견될 수 있기 때문에, 우리가 확인 가능한 예수의 전승은 설교의 틀 속에 들어있는 지극히 단편적인 예수의 말씀들뿐이라는 것이다. 슈미트는 그렇기 때문에 복음서에서 역사적 사실에 근거한 소위 자전적自傳的 예수의 모습을 재건하는 일은 불가능하다고 보았다.

생의 자리

디벨리우스는 예수에 관한 전승들의 양식을 슈미트보다 세밀히 분석하여 각기 다른 전승들 사이에 있는 상이한 전승층을 발견하였다. 그는 전승층(層)들 사이의 상호 관계성을 추적하여 예수 전승의 원형을 찾아내는 일에 몰두하였고, 동시에 그 원형이 태어난 '생의 자리 Sitz im Leben'가 어디인지를 추적하였다. 초기교회가 정기적으로 드렸던 '예배'야말로 예수에 관한 여러 전승이 태어난 '생의 자리'임을 그는 발견하였다.

실존주의적 예수상

불트만은 초기교회의 설교뿐만 아니라 복음서에 등장하는 모든 전승이 '생의 자리'를 가지고 있다는 전제하에서 그것들을 연구한 결과, 초기교회의 선교적 상황이 예수말씀이 전승된 자리임을 발견하였다. 초기교회의 설교나 예배뿐만 아니라, 교회들이 처한 선교와 논쟁적 상황 역시 예수전승의 모태母胎라는 것이다. 불트만은 디벨리우스의 '생의 자리' 개념을 보다 폭 넓게 활용하여 복음서 전반에 걸쳐 확대 적용했다.

한 걸음 더 나아가 불트만은 복음서 전승을 크게 팔레스타인 전승(메시아 대망과 종말 사상)과 헬레니즘 전승(기적신앙과 신인神人그리스도론)으로 분류하고, 복음서 전승에는 영지주의와 스토아주의 및 신비주의 사상의 요소들도 들어있음을 발견하였다. 결국 불트만은 복음서가 전하는 예수에 관한 모든 전승양식들이 초기교회의 신앙의 산물이요, 그런 면에서 복음서는 '확대된 케리그마'라는 결론에 도달하였다.

불트만은 『예수』(1926년)를 발간하였다. 이 책에서 그는 복음서가 전하는 예수 전승을 실존주의적 시각에서 해석할 것을 주창하였다. 자연과학자가 자연을 관찰할 때에는 객관적인 사실을 발견할 수 있지만, 역사를 관찰할 때에는 관찰자 또한 역사의 한 부분이라는 사실을 수긍하지 않으면 안 된다는 것이다. 이런 전제하에서 역사실증주의자들이 말하는 소위 순수 객관적인 역사 서술은 불가능함을 불트만은 피력하였는데, 성서를 해석할 때도 이러한 해석 방법론은 그대로 적용된다. 우리가 성서에서 예수를 탐구할 때에는 우리 자신도 이미 신앙고백적(실존적)으로 참여하고 있는 역사의 예수를 만날 수 있을 뿐이다. 따라서 우리는 역사의 예수를 관찰하는 것이 중요한 것이 아니라, 우리를 결단에로 인도하는 예수와의 인격적 만남과 예수와의 실존적 해후Begegnung가 중요하다.

그런 의미에서 불트만은 예수 생애의 전기傳記에 관심을 기울인 것이 아니라, 예수의 교훈과 메시지에 관심을 기울인다. 예수 시대에는 수많은 메시아 운동이 전개되었는데, 당시에 전개된 통속적 메시아 운동은 편의상 두 종류로 나눌 수 있다. 정치적 메시아 운동과 묵시적 메시아 운동이 그것이다. 요단강에서 전개된 세례자 요한의 세례운동은 후자에 속한다. 그는 도래하는 하나님의 심판에 대비하여 유대 민중이 회개하는 징표로서 세례 받을 것을 촉구하였다. 그의 세례운동은 팔레스타인 전역에 큰 호응을 불러 일으켰고, 예수의 하나님 나라 운동도 세례자 요한의 회개운동과 동일 선상에 서있다. 예수는 본래 유대 랍비의 한 사람으로 살았으며, 그의 교훈에도 랍비적 요소가 많다. 그러나 예수는 유대교 랍비들과는 달리 하나님 통치의 임박을 선포하고 하나님 앞에서 인간의 위치를 알리는 일에 전념하였다. 국가나 사회 문제는 예수에게 있어서 관심 밖의 문제였다.

국가와 사회정치적 차원을 초월한 예수가 선포한 하나님 나라는 유대교의 묵시종말적 성격을 띠고 있다. 예수가 선포한 설교의 요약으로 볼 수 있는 "때가 찼고 하나님 나라가 닥쳐왔다"(막1:14)는 선언은 후기 유대교 묵시문학의 주요 범주에 해당하는 '두 에온zwei-Äonen' 사상에 의하여 각인刻印되었다. 불트만에게 있어서 예수의 질병치유와 귀신축출 사건들은 종말적 하나님 나라의 징후sign에 해당된다. 하나님 나라는 그에게는 여전히 미래적 사건이다. '지금'은 회개에로의 부름의 때요, 하나님 나라에로의 초대의 때이다. 하나님 나라는 인간으로 하여금 "이것이냐, 아니면 저것이냐"(Entweder - oder -) 에로의 결단을 촉구한다. 그런 의미에서 불트만은 슈바이처의 중간 윤리 사상을 거부한다. 하나님 나라는 시간과 공간을 초월하여 존재한다. 그리고 모든 세대를 통하여 자신의 역사 속에서 결단을 촉구한다. 이와 같이 그는 하나님 나라를 이해하는 데 있어서 실존적 해석의 길을 열어놓았다.

초월적 내재자 하나님

그러면 예수는 하나님을 어떻게 이해하였는가? 헬레니즘 세계에서 하나님은 코스모스의 한 부분에 위치한다. 반면에 유대교에서 하나님은 인간의 역사를 초월하는 존재이며, 미래종말적 속성을 지닌다. 동시에 하나님은 역사를 주관하며 인간의 삶을 간섭하시는 역사 내재존재이고, 인간의 현재적 삶을 규정하는 분이시다. 유대교의 하나님은 한편으로 초월적이며 동시에 내재적이고, 다른 한편으로 미래적이며 동시에 현재적이다. 유대교의 하나님은 그런 의미에서 "멀고도 가까운 하나님"이라고 말할 수 있을 것이다. 예수는 이러한 후기 유대교의 신사상神思想을 그대로 받아들이고 있다. 그에게 하나님은 창조주요, 심판주이며, 인간의 죄를 용서하는 자비의 하나님이기도 하다.

선포의 대상이 된 예수

불트만에 따르면 초기그리스도교는 예수를 메시아, 곧 도래할 인자人子로 선포하였다. 초기교회의 이러한 신앙이 역사적 예수에게 소급

되었고, 메시아 신앙이 첨가되었다. 예수의 메시아적 자의식은 역사의 예수에 근거한 것이라기보다는 제자들의 부활신앙과 더불어 탄생하였다고 불트만은 생각한다. 예수가 자신을 메시아로 시인하는 복음서의 전승들, 곧 예수의 수세(막1:9-11), 시험사화(마4:1-11), 베드로의 신앙고백(막8:29), 예루살렘 입성(막11:1-10), 변화산상의 예수(막9:2-8)에 관한 전승들이 태어난 모태Sitz im Leben는 역사적 예수라기보다는 초기교회의 설교에서 비롯된다. 예수는 하나님 나라를 설교한 선포자였지만, 초기교회는 예수를 선포하였다. 즉 선포자Verkündiger 예수는 초대교회에 의해서 선포의 대상Verkündigte이 되었다.

복음서는 역사적 예수의 전기傳記가 아니라, 초기교회 구성원들에 의한 신앙고백의 산물이다. 따라서 우리는 복음서에서 역사적 예수를 만날 수 있는 것이 아니라 케리그마(신앙고백)에 채색된 그리스도를 만나게 된다. 우리가 케리그마의 그리스도 배후로 들어가 역사적 예수의 전기를 복음서에서 찾으려 한다면, 그것은 복음서 저자의 저술 의도를 오해한 것이다. 그것은 동시에 불신앙의 행위가 아닐 수 없다. 이런 지평에서 불트만은 복음서를 확대된 케리그마로 규정한다. 이와 같이 인간의 실존의 보편성을 매개로 한 불트만의 케리그마 신학은 역사적 예수와 케리그마의 그리스도 사이의 불연속성Unkontinuität을 강조한다고 볼 수 있다.

이상에서 살펴본 불트만의 역사적 예수 연구는 다음과 같이 요약될 수 있다: 예수는 하나님 나라 도래의 임박을 선포했다는 점에서 세례자 요한을 능가하는 종말론적 예언자이다. 예수는 자신이 메시아라는 자의식을 가진 적도 없고, 하나님 나라가 도래할 때 취임하게 될 미래의 인자人子라고 생각해본 적도 없다. 예수는 유대교의 환경Milieu에서 살았던 랍비이며, 선지자이고, 하나님 나라의 박두를 알린 선포자이다. 그는 청중들에게 그 나라의 도래 앞에서 결단을 촉구한 묵시적 종말 예언자였다. 그의 메시아 의식은 초기교회의 부활 신앙에 뿌리를 두고 있다. 예수의 부활 자체는 십자가 사건에 대한 하나의 해석이지만, 제자들의 부활 신앙은 역사적으로 증명가능한 사건이다. 예수는 종말의 날에 임할 제3의 인물인 인자를 기다렸으나, 초기교회는 예수 자신을 인자로 받들었다. 따라서 케리그마의 그리스도와 역사의 예수는 분리해서 이해해야 하고, 복음서에서 우리는 단지 케리그마를 발견할 수 있을 뿐이다.

그렇다면 우리는 어디에서 현존現存의 그리스도를 만날 수 있는가? 불트만에 의하면 케리그마(설교)를 듣는 순간이다. 하나님 나라는 전적으로 미래적인 속성을 지니고 있지만, 그것은 현재 그리스도교인의 삶을 결정짓는다. 그런 의미에서 불트만은 실존적 종말론existentielle Eschatologie을 주장한다고 볼 수 있다.

후기불트만학파

불트만의 제자로써 후기불트만학파를 주도적으로 이끌어 온 케제만E. Käsemann은 역사적 예수와 케리그마의 그리스도 사이의 연속성Kontinuität 여부를 밝히는 것을 신학의 주요 과제로 삼는다. 케제만은 복음서가 초기교회 공동체의 신앙고백의 산물이라는 불트만의 견해를 일정한 한도 내에서 수용하면서도, 만약 복음서 연구가 역사의 예수 탐구를 포기한다면, 신학은 가현론Doketismus에 빠질 위험이 있다는 점을 지적한다. 이러한 관점에서 그는 불트만의 케리그마 신학을 비판하고 있다.

케제만에 따르면 케리그마는 역사의 사실bruta facta인 나사렛 예수를 파괴하는 것같이 보이지만, 실상은 그렇지 않다. 왜 그런가? 케리그마는 역사의 예수에 근거하고 있다. 따라서 우리는 케리그마를 참되게 해석함으로써 역사의 예수에게 접근할 수 있다는 것이다. 초기 교회 공동체는 신화적 인물이나 신적 존재를 주kyrios와 일치시킨 것이 아니라, 하나의 역사적 실존 인물, 곧 나사렛 출신의 청년 예수를 주와 동일시하였다는 것이다. 그런 의미에서 케제만은 '역사적 예수'와 '케리그마적 그리스도' 사이의 연속성을 주장하였다.

훅스E. Fuchs는 복음서에서 예수의 행태Verhalten를 먼저 설정하고, 그것을 예수말씀 연구의 틀로 사용할 것을 제안하였다. 복음서가 증언하는 역사적 예수의 두드러진 행태行態의 하나로 그는 죄인들과의 식탁교제table fellowship를 들고 있다. 그러한 예수의 행태는 사회에서 소외된 가난한 사람들과 죄인을 부르고, 그들을 일차적으로 하나님 나라에 초대하는 예수의 말씀과 상호연관성이 있다는 것이다.

다른 한편으로 훅스는 바울의 서신들이 복음서보다 20여 년 먼저 쓰여진 것에 착안하여, 복음서에 앞서 바울의 저작에서 나타나고 있는 신학과 신앙을 분석하여 역사적 예수에 도달하려고 하였다. 물론 바울이 생전에 예수를 직접 만나거나 그의 설교를 들을 기회는 없었을 것이다. 그럼에도 불구하고 훅스는 바울이 증언하는 '부활의 그리스도'와 '역사적 예수' 사이에는 불연속성이 아니라 연속성이 있음을 밝혀내려고 했다.

특히 그는 인종, 성별, 사회적 신분과 계급을 초월하여 인간은 누구든지 예수 그리스도를 '믿음으로써만 *sola fide*' 하나님과 올바른 관계를 회복할 수 있다는 바울의 칭의사상稱義思想이 지니는 '민중적 성향'에 주목한다. 당시 엄격한 율법의 행위와 자비행慈悲行에 근거하여 구원을 얻을 수 있다고 가르친 유대교나, 심오한 우주적 진리를 깨닫고 그것과 하나됨을 추구함으로써 구원과 해방을 얻을 수 있다고 가르친 헬라세계의 스토아 철학이 당시 엘리트 지식인 계층에게 호소력을 지니고 있었음은 물론이다. 그러나 다른 한편 구원받기 위한 까다로운 조건, 지식, 수행 절차를 일체 생략하고 오직 예수 그리스도에 대한 믿음*pistis* 하나만으로 족하다는 바울의 칭의사상은 하루하루 살아가기에 바쁜 헬라세계의 일반 서민대중에게 큰 호소력이 있었음에 틀림없다. 훅스는 이러한 바울의 칭의사상이 극빈자, 세리, 창녀, 죄인 등 팔레스타인 사회의 중심부에서 주변부로 밀려난 소외계층의 삶의 동반자同伴者로 살았던 역사적 예수의 가르침 및 행태와 일치한다고 보았다. 그런 면에서 훅스는 신앙의 그리스도와 역사적 예수 사이에 본질적인 동일성이 있음을 밝히려고 하였다.

보른캄G. Bornkamm은 복음서에 등장하는 역사적 예수의 인격과 그의 사역使役에 관심을 기울인다. 복음서에 나오는 예수의 인물과 그의 교훈에 대한 증언들은 모두 초기교회의 신앙고백에 근거한다. 그런데 그 신앙고백 전승들은 자유주의 신학자들이 주장하는 것처럼 제자들이 주관적으로 체험한 환상의 산물이 아니라, 역사적 예수의 인격과 사역에 대한 초기교회의 응답을 담고 있다는 것이다.

예수를 따르는 사람들은 그가 행하고 가르친 모든 일 가운데서, 미래적인 하나님 나라가 우리 가운데서 현재화하고 있음을 보았다는 것이다. 왜 예수는 제자들과 함께 예루살렘으로 올라갔는가? 보른캄은 예루살렘 입성 장면에서 예수의 메시아적 자의식을 발견할 수 없다고 본다. 그러나 예수는 그곳에도 하나님 나라 도래의 메시지가 전해져야 한다는 사명감을 완수하기 위해서 갔다. 성전숙청 사건은 단순히 부정과 부패의 온상이 되고 강도의 소굴이 되어버린 예루살렘 성전 비판을 넘어선다. 그것은 도래하는 하나님 나라를 준비하는 과정의 일환이기도하다. 보른캄은 복음서가 역사의 예수를 신화화Mythologisierung하려는 목적에서 쓰인 것이 아니라, 오히려 그와 반대로 지상 예수와 신앙의 그리스도 사이의 통일성Einheit을 유지하기 위해서 쓰였다고 본다.

이상에서 살펴본 후기불트만학파의 역사적 예수 연구는 주로 '신앙의 그리스도'와 '역사적 예수' 사이에 도대체 어떤 상관성이 있는가 하는 문제를 중심으로 진행되었다.

기독교의 성육신과 불교의 색신

불교 사상에 색신色身*rupa-kaya*과 법신法身*dharma-kaya*이 있다. 색신은 역사적 실존인물인 석가모니 붓다를 말하는 것이고, 법신은 화엄의 본존불本尊佛에 해당하는 진리 자체로서의 비로자나 붓다를 말한

다. 색신은 법신이 드러나는 양태인데, 그것은 응신應身 또는 화신化
身이라고도 불린다. 색신은 법신이 드러나는 양태의 하나에 불과하
기 때문에 대승불교 사상의 주류는 색신이 아니라 법신에 보다 큰 비
중을 둔다. 카필라성의 왕자 싯다르타는 여러 색신 중의 하나에 불과
하다.

　이와 유사한 관계성 속에서 우리는 기독교의 성육신Incarnation 사
상을 살펴볼 필요가 있다. 요한복음 1장 14절에 등장하는 "말씀이
육신이 된" 사건이 다름 아닌 역사적 예수이다. 우리말 '말씀'으로
번역된 헬라어 '로고스Logos'는 인간의 말로 다 표현할 수 없는 오히
려 신성을 지닌 진리자체를 지칭한다. 따라서 '말씀'이라는 번역은
로고스가 가지는 본래의 포괄적인 뜻을 제한한다. 중국성경에서 번
역된 '도道'가 로고스가 함의含意하고 있는 본래적 의미에 훨씬 충실
한 번역으로 볼 수 있다. 요한복음이 말하는 역사적 예수사건은 곧
로고스가 육sarks이 된 성육신 사건 외에 다른 것이 아니다. 로고스는
하나님의 아들이요 신앙의 대상인 케리그마의 그리스도인데, 불교적
인 언어로는 법신불에 해당된다. 반면에 역사의 예수는 불교적 지평에
서 법신이 색신이 된 사건에 비유될 수 있을 것이다.

　대승불교에서는 수많은 붓다를 말한다. 역사적 석가모니 붓다는
그 여러 방편 중의 하나인 것이다. 법신은 하나이지만, 그것이 나타
나는 색신, 곧 법신의 화신이나 응신은 여러 가지 모양으로 나타난
다. 물론 기독교 신학에서도 하나님(법신)이 자기를 드러내는 방편으
로 특수계시와 자연계시를 말한다. 그러나 특수계시는 어디까지나
역사적 예수에 국한시켜 이해한다. 역사적 인물 석가모니는 붓다이

다. 그렇다고 해서 붓다가 곧 석가모니라고 말할 수 있는가? 아마도 대승 사상에서는 이러한 등식이 성립되지 않을 것이다. 그러나 기독교에서는 다르다. 예수는 그리스도요, 동시에 그리스도는 예수이다. 왜 그런가? 하나님은 오직 역사의 예수를 통해서만 자기자신을 계시한다고 보기 때문이다. 역사의 예수야말로 하나님이 지상에 자기 자신을 드러내는 유일무이한 사건, 곧 '에파팍스*ef apax*'이기 때문이다. 아마도 이 점에서 불교와 기독교 신학은 차이가 있다.

성육신 사상에서 역사적 예수와 신앙의 그리스도는 서로가 분리되어 이해될 수 없다. 양자는 둘이며 동시에 하나이고, 하나이며 동시에 둘의 관계, 곧 부즉불이不卽不二의 관계에 있다. 그것은 서로가 서로를 해석한다. 양자 사이의 엄격한 분리를 주장하고, 케리그마의 그리스도(법신)에 매달렸던 불트만의 케리그마 신학이 관념론적이고 추상적이며 가현론假顯論에 빠질 수 있다고 경고한 후기불트만학파 학자들의 주장은 일면 타당성이 있어 보인다.

"예수 세미나"와 "제3의 물음"

위에서 살펴본 자유주의 신학자들의 역사적 예수에 관한 '고전적 물음Old Quest,' 불트만의 역사적 예수 물음에 대한 침묵No Quest, 후기불트만학파의 '새로운 물음New Quest'은 방법론에 있어서 여러 가지 차이점이 인정된다. 그럼에도 불구하고 그들의 연구가 한 역사적 인물 나사렛 예수와, 초기교회에 의해서 신앙고백의 대상이 되어버린 그리스도 사이의 관계성 연구에 집중되어 있다는 점에 대해서 동일선상에 놓여있다. 불트만이 양자 사이의 불연속성Unkontinuität과 차이성Differenz을 강조했다면, 그의 제자들은 연속성Kontinuität과 통일성Einheit을 강조했다고 볼 수 있다. 그러나 양자는 역사적 예수 연구를 그 시대적 상황이나 다른 종교적 단체들과의 상호연관성 가운데서 해석하지 못하고 있다는 점에서 일정한 한계를 보인다.

1970년대부터 '예수 르네상스' 운동으로 진행되는 역사적 예수에 관한 '제3의 물음Third Quest'은 이 한계를 극복하려는 하나의 시도이다. 예수 르네상스 운동은 학문 연구의 거시적 틀에서 보면, 후기불트만학파의 역사적 예수에 관한 '새로운 물음'과 맥脈을 같이 하고 있다. '새로운 물음New Quest'이 주로 양식비평이나 편집비평에 의존하여 역사적 예수와 신앙의 그리스도 사이의 연속성 탐구에 몰두하고 있다면, '제3의 물음The Third Quest'에서는 역사적 예수의 인격에 관심을 기울이기보다는 예수운동을 '공시적 지평synchronische Horizont'에서 해석하는데 관심을 기울인다. 그들은 예수시대의 헬레니즘 문화 또는 유대교 문화와의 '간학문적 대화間學問的 對話; interdisciplinary Dialogue'를 통하여 사회문화적 연관성 속에서 역사적 예수를 조명하는 것이 특징이다. 1983년 미국성서학회 소속의 로버트 펑크R. Funk를 중심으로 "예수 세미나Jesus Seminar"가 결성되었고, 이들은 예수의 인격적 측면이 아니라 예수운동이 주변 문화, 종교, 사회정치집단의 도전에 어떻게 응전하고 있는가를 지식사회학 또는 인접학문의 도움을 받아 밝혀내려고 노력한다.

"예수 세미나" 운동에 속한 학자들은 무엇보다도 신학의 '사회적 책임성social responsibility'을 강조하는 것이 특징이다. 본문비평, 양식비평, 편집비평 등이 주로 성서 텍스트 내부 문제에 국한하여 역사적 예수를 탐구하면서 신학의 문제를 인간 실존의 문제로 축소시킨다. 우리는 불트만 신학에서 바로 이러한 한계점을 찾아볼 수 있다. 예수 세미나는 이에 대한 일종의 자기성찰自己省察이라고 볼 수 있다. 신학은 현실의 문제에 어떤 형식으로든지 책임을 통감하고 그에 대하여 답변하지 않으면 안 된다는 것이 "예수 세미나"의 입장이다. 지금까지 기독교가 예수를 신학화Theologisierung 하거나 또는 신앙의 대상화Kerygmatisierung하는 과정에서 예수는 본래의 모습과 거리가 먼 지배 이데올로기를 확대 재생산하는 모체로 변질되었다는 것이 그들의 주장이다. 그런 면에서 드라이버T. Driver는 기독교 신학이 전통적인 그리스도론을 해체시켜야 참된 예수의 윤리가 가능함을 역설하기도 하였다. 이와 같은 신학의 현실비판과 신앙의 사회적 책임에 관한 관심으로부터 그들은 신학화, 교리화되기 이전 예수의 본래적인 모습을 1세기 팔레스타인 사회문화적 관계성 속에서 새롭게 살펴보고, 그 빛에서 현재 우리의 신앙의 상태를 바르게 재구성하려고 한다.

떠돌이 예언자 예수

이러한 시도는 일찍이 게르프 타이쎈G. Theissen에서 볼수 있다, 그는 초기그리스도교에서 예수 말씀의 전승자들, 곧 '카리스마를 지닌 떠돌이 예언자들Wandercharismatikern'의 선교적 상황을 사회학적 방법론을 동원하여 연구하였다. 그는 한 인격 예수 대신에 예수운동(집단)을 신학의 대상으로 삼았고, 다른 한편으로 예수운동을 '독립변수'가 아니라 주변세계와의 '관계변수'로서 파악하려고 하였다. 이를 위해서 그는 예수운동에 영향을 끼친 4가지 요인을 제시하였는

데, '사회경제적 요인,' '사회정치적 요인,' '사회문화적 요인,' '사회
생태적 요인'이 그것이다. 이러한 4가지 사회적 요인들과의 상호연
관성 속에서 타이쎈은 초창기 교회의 역사적 예수운동의 모태母胎를
추적한다. 타이쎈의 영향을 받고 있는 최근 "예수 세미나"의 역사적
예수 연구는 크게 두 흐름으로 나누어진다. 유대교 문화전통과의 연
관성 속에서 역사적 예수를 재구성하려는 시도가 그 하나이고, 헬레
니즘 문화전통 속에서 예수운동을 해석하려는 시도가 다른 하나이다.

견유학파적 지혜교사 예수

"예수 세미나"에서 주도적인 역할을 하고 있는 로버트 펑크R.
Funk에 의하면 예수는 하나님 나라를 가리켜 보여주려 했다. 그러나
제자들은 실상 하나님 나라를 가리킨 예수의 손가락을 보았다고 비
판한다. 손가락이 가리킨 달을 본 것이 아니라, '달을 가리킨 손가락
指月'을 본 격이라고나 할까? 복음서에서 만날 수 있는 실제의 예수
는 신앙심이 없었다. 그러나 초기교회는 예수를 신앙의 대상으로 만
들었다. 이를 위해서 교회는 "역사적 실존 인물 예수"를 무시해야
만 했다. 펑크는 기독교가 공식적인 종교로 발전하면서, "우상 파괴
자"를 "우상"으로 만들었다고 비판한다. 펑크는 '예수에 관한 신앙
faith about Jesus'에서가 아니라, '예수의 신앙faith of Jesus'에 기초하여
그의 신앙을 재정립하려고 한다. "예수 세미나"에서 재구성한 역사
적 예수의 모습은 다음과 같다: 예수는 세례자 요한의 제자로 출발했
으나, 곧 그로부터 독립하여 독자적인 길을 걸었으며, 묵시적 하나님
나라의 도래를 거부하고, 하나님 나라의 현재성을 강조하였다. 예수

는 사회적 소외자들과 형제처럼 지냈으며, 일상적인 가치체계를 거
부하는 역설적인 격언을 말했으며, 사회적 인습에 도전하는 말과 행
동을 하였다. 그는 사회비평가였지만, 사회혁명가는 아니었다. 예수는
심신mind-body 상관적인 치유를 행했고, 축제 기간에 예루살렘에 올
라가 성전 숙청으로 체포되어 재판 없이 십자가에 처형되었다.

전복적 지혜교사 예수

헬레니즘 문화전통에서 예수운동을 새롭게 해석하려는 시도는 버
튼 맥Burten Mack에서 발견되는데, 그는 예수의 활동무대인 갈릴리가
당시 철저하게 헬라화된 지역이었다는 점에 착안하여 예수운동을 헬
라세계에서 유행했던 견유학파 철학운동의 지평에서 해석한다. 그래
서 그는 예수의 떠돌이 선교행태를 보면서 헬레니즘 세계에서 찾아
볼 수 있는 견유학파 지혜교사의 모습을 발견한다. 비록 예수가 유
대교적 배경에서 성장했지만, 그의 가르침이나 행동에는 비非유대적
성향이 짙고, 후기유대교 사상의 핵심을 이루고 유대 민중 사이에 널
리 퍼져있는 종말론적 요소들도 거의 찾아볼 수 없다는 것이다. 견유
학파의 사상과 삶을 본받은 예수는 유대사회의 전통적인 가치관을
파기시킨subversive 지혜교사라는 것이다. 맥은 Q에 근거하여 초대교
회의 예수에 관한 신앙의 편린들, 곧 하나님의 아들, 속죄, 부활 등을
가차 없이 폐기 처분해야 한다고 목소리를 높이고 있다.

대안적 지혜자 예수

마커스 보그Marcus Borg는 역사적 예수를 이해할 수 있는 물적 토대

로써 문화, 영, 지혜를 제시한다. 그는 지혜를 대안적 지혜alternative wisdom와 인습적 지혜conventional wisdom로 구분한다. 인습적 지혜가 사회문화 전반과 연관되어 있다면, 대안적 지혜는 하나님의 영과 연결되어 있다는 것이다 예수는 팔레스타인 사회의 인습적 지혜를 타파하고 대안적 지혜를 세우기 위하여 하나님나라 운동을 전개한 지혜교사요 예언자요 카리스마적 지도자이다. 보그는 예수의 죽음에 대해서도 "누가 예수를 죽였는가?"가 아니라 "무엇이 예수를 죽게 만들었는가?"에 관심을 기울인다. 인습적 지혜에 의하여 대안적 지혜, 곧 하나님의 지혜가 억압당하고 말살된 사건이 바로 십자가 사건이라는 것이다. 타이쎈과 같이 보그는 예수가 새로운 종교의 창시자가 아니라 부패한 유대교를 바로잡기 위한 유대교 내의 갱신운동의 선구자라고 본다. 예수는 유대 공동체와는 달리 하나님의 거룩이 아니라 자비에 근거하여 사랑과 평화를 내용으로 하고 소외된 민중과 연대하는 대안 공동체 건설을 꿈꾸었다는 것이다. 예수가 사회에서 소외당한 사람들과 밥상공동체table fellowship를 결성한 것은 유대사회의 정결법에 근거한 인습적인 계층구조를 타파하려는 자비의 정치학을 보여준다.

마커스 보그는 그리스도교 신앙이 "부활 이전" 예수의 역사적 재건에만 기초해서도 안 되고, "부활 이후" 케리그마적 선포에만 의존해서도 안 된다고 주장한다. 두 전승 사이의 변증법적 종합에 기초한 신앙의 정립을 그는 시도한다.

도미닉 크로쌘J. D. Crossan 역시 역사적 예수의 원초적 모습을 헬레니즘 문화전통의 지평에서 찾는다. 예수의 삶의 스타일은 떠돌이 삶을 살면서 대중에게 지혜Sophia를 설교하던 유대적 견유학파의 지혜

스승과 같다. 예수와 지혜스승은 가르침과 행동에 있어서 동일할 뿐 아니라, 삶의 스타일에 있어서 동일하다. 다른 것이 있다면 견유학파의 지혜스승이 도시인이라면, 예수는 시골사람이라는 것과, 견유학파가 개인주의적 입장을 견지한다면, 예수는 공동체 운동을 조직했다는 점이다. 견유학파는 배낭과 지팡이를 허용하고 있다면, 예수는 제자들에게 그것들조차도 불허한다는 점에서 둘 사이에 차이를 발견할 수 있다. 그런 의미에서 크로싼은 예수를 "유대 농부출신의 견유학자a peasant Jewish Cynic"의 전형으로 보고 있다.

예수의 프로그램은 사회의 두 계층, 곧 부자와 가난한 자가 아니라, 상대적 가난에 처한 사람들과 절대적 가난에 처한 극빈자들을 상호 교류하게 함으로써 하나님 나라를 건설하려고 했다. 크로싼은 특히 예수 담론이 지니는 대안적 성향에 주목하면서, 예수가 선포한 하나님 나라를 "병자치유와 밥상공동체free healing and common eating" 운동으로 요약한다. 먹는 일과 무상으로 병자를 치료해주는 일은 예수의 하나님나라 운동에서 하나로 통전統全된다. 그것은 종교적 – 경제적 평등주의 전략의 일환이었다.

민중(세리, 죄인, 실업자)과의 '밥상 공동체'와 '무상 치료'를 두 축으로 한 하나님 나라 공동체 결성을 꿈꾸던 예수의 비전은 당시 성전숙청 사건을 계기로 유대 기득권층과 충돌을 일으킨다. 성전숙청이라는 상징적 행위는 예수의 하나님 나라 실천을 더욱 강화시켰다. 크로싼에 따르면 예수는 단순히 '깨끗하게 한다cleansing'는 차원에서 성전숙청을 감행하지 않았다. 그의 행동은 기독교 대 유대교의 대립도 아니었다. 로마 식민지 지배의 센터에 해당하는 '성전'에 대한 숙청 감행은 로마의 식민지 지배에 항거하는 상징적 행위라는 것이다. 이를 계기로 예수는 본디오 빌라도 총독 치하에서 로마의 정치범으로 십자가에 처형되었다. 그런데 예수를 따르던 신앙의 무리들은 그의 십자가 처형 속에서 의미를 발견하였다. 예수는 우리를 위해서 죽었다는 것이다(신앙). 본래 정치적 십자가처형Crucifixion이 종교적 십자가Cross사건으로 해석되었다. 역사가 신앙화 되었던 것이다. 이러한 신앙 하에서 초기교회는 예수의 죽음이 인간의 죄를 없애는 속죄의 기능을 가지고 있다고 고백하였고, 하나님은 인간과 화해를 위하여 아들의 피를 요구하신다는 희생교리를 발전시켰다.

유대교 내의 갱신운동

다른 한편으로 샌더스는 역사의 예수운동을 유대의 문화전통 맥락에서 해석한다. 그는 타이쎈과 같이 예수운동을 유대교 내의 갱신운동의 하나로 평가한다. 샌더스는 성전숙청 사건과 같은 복음서에 수록된, 비교적 역사적 개연성이 높은 전승들에 근거하여 예수의 행태를 유대 문화전통과의 연관성 속에서 재구성한다. 역사의 예수는 유대교 신학의 재건을 꿈꾼 사람(Jewish Restoration Theology)이라는 것이다. 예수는 유대민중이 꿈꾸던 메시아적 자의식을 가지고 행동하였을 뿐만 아니라, 성전숙청 사건이야말로 이스라엘의 회복을 위한 예수의 상징적 행위였다는 것이다.

복음서에서 찾아낸 역사적 예수 사건의 흔들릴 수 없는 근거로써 샌더스는 몇 가지를 제시한다: 예수는 세례자 요한으로부터 세례를 받았고, 갈릴리를 무대로 하나님 나라를 선포하고 귀신을 내쫓고 병

자를 고쳤으며, 하나님 나라 선교를 시작하기에 앞서 제자들을 부르
고 그 중에서도 특히 열둘을 택하여 하나님 나라 동역자Partner로 삼
았다. 예수의 하나님 나라 선교는 주로 이스라엘 민중으로 국한되었
고, 성전을 숙청하였으며, 유대 지도층과 로마 권력에 의해서 체포되
어 사형판결을 받고 예루살렘 변두리에서 정치범의 하나로 십자가
에 처형되었다. 예수가 죽은 후 그의 제자들은 좌절하지 않고 스승의
운동을 계속 이어갔고, 이러한 예수운동은 유대의 회당종교의 지도
자들로부터 박해를 당하였으며, 이런 박해는 바울이 선교활동을 할
때까지 계속되었다.

예루살렘 성전을 뒤엎어 버리는 성난 예수(마21:12, 막11:15, 눅19:45, 요2:15)
렘브란트 1635, 169 × 136㎜

샌더스는 특히 예수를 죽음으로 몰고 간 원인으로 볼 수 있는 성전 숙청 사건을 역사적 예수 연구의 출발점으로 삼는다. 성전숙청 사건 이야말로 예수의 공생애 그리고 역사적 배경 연구를 위한 출발점을 제시하며, 예수와 하나님 나라의 관계성을 풀 수 있는 열쇠가 된다는 것이다.

이와 같이 샌더스는 예수의 하나님나라 운동을 유대교 문화권 속에서 해석한다.

민중의 해방자 예수상

이상에서 우리는 계몽주의 시대부터 현대에 이르기까지 역사적 예수의 연구사를 제한된 인물들을 중심으로 간략하게나마 살펴보았다.

역사적 예수를 주변 환경과의 연관성 속에서 해석하려는 1세계 신학자들의 이러한 시도들은 흑인신학, 여성신학을 비롯하여 제3세계에서 중심으로 전개되고 있는 해방신학의 역사적 예수연구와 일맥상통하는 면이 있다.

한국의 민중신학도 케리그마가 아니라 역사적 예수를 신학의 출발점으로 삼는다. 특히 안병무는 역사적 예수를 개체 인격으로 보는 것에서 탈피한다. 안병무는 '사람의 아들' 호칭에 근거하여 예수와 함께 동고동락하였던 주변부 민중과의 관계성 속에서 예수에 대한 "집단적인 해석corporative interpretation"을 시도한다. 예수는 출신상으로 볼 때 민중이며, 예수가 사용한 언어 역시 민중언어이다. 그는 하나님 나라를 설명할 때 남녀노소, 지식이 많은 사람이나 짧은 사람을 막론하고 누구든지 알아들을 수 있는 비유 이야기Erzählung를 즐겨 사용하였다. 예수가 벌인 하나님나라 운동의 현장은 도시가 아니라 주로 농촌이다. 예수가 있는 곳에 민중이 있고, 민중이 있는 곳에 예수가 있다. 예수의 수난과 처형은 갈릴리 민중의 고난에 대한 집단적 표상이다. 복음서 기자는 예수의 수난과 처형에서 바로 민중의 운명을 보고 있다. 민중의 운명에서 예수의 수난이 현재화되고 있음을 본다. 민중신학은 지금까지 신학에서 주목하지 못했던 민중을 신학의 대상으로 부각시키고, 역사의 예수를 로마식민지 민중과의 연관성 속에서 이해하며 예수의 하나님나라 운동을 종말론적인 민중해방의 전통에서 재해석하고 있다.

민중신학은 '민중사건'을 해석학적 고리로 삼아 성서의 민중Text과 오늘의 민중Kontext이 만나도록 주선한다. 곧 민중신학은 성서의 민중에서 오늘의 민중을 보고, 역逆으로 오늘의 민중에서 성서의 민중을 본다. 텍스트Text와 콘텍스트Kontext, 예수사건과 오늘의 민중사건은 '고난'과 '해방'을 두 축軸으로 삼아 지평융합을 이룬다. 우리가 현존現存 그리스도를 만나는 장소는 어디인가? 성례전인가?(가톨릭) 설교(케리그마)인가?(개신교) 민중신학은 민중의 고난과 해방사건 속에서 현존의 그리스도를 해후한다.

역사적 예수에 대한 '오래된 물음Old Quest'과 '새로운 물음New Quest'이 주로 복음서 텍스트에 충실한 해석을 시도했다면, '제3의 물음The Third Quest'과 민중해방신학은 콘텍스트에 충실한 해석을 시도했다고 볼 수 있다. 역사적 예수 연구는 이 두 가지 방향을 상호 배타적이 아니라, 상호 보완적인 관계에서 수용하고 균형을 잡아가야 한다.

"예수 세미나"에서 로버트 펑크는 새로운 시대에 맞는 예수 이미지를 재시한다. 예수는 우리를 기독교 신앙으로부터 자유롭게 할 뿐만 아니라, 기독교 신앙 자체에 대한 우리의 이해를 새롭게 수정하도록 한다. 예수 이미지는 종교 - 영성의 테두리를 넘어 사회적 - 영성의 테두리에로 확장되어야 한다. 기독교는 초기교회의 신앙, 곧 베드로나 바울에 근거한 신앙이 아니라 역사의 예수에 근거한 신앙의 회복을 겨냥해야 한다. 예수의 신적神的신분은 격하格下되어야 한다. 하나님의 아들, 선재성, 하나님의 오른편에 앉아 계시다가 마지막 심판 때에 재판관으로 오실 초인적 예수상은 외계로부터 와서 외계로 다시 돌아가는 우주인과 같은 이미지들과 크게 다를 바 없다. 외계인 예수 스토리는 빌립보서 2장의 「그리스도 찬가」나 요한복음의 「서문」에서 그리고 3세기 도마행전에 나오는 「진주의 찬가」의 핵심을 이룬다. 이러한 예수 이미지는 갈릴리에 살았던 현인賢人 예수의 모습과 너무 거리가 멀다. 우리와 동일한 본질을 지닌 인간으로서의 예수의 이미지를 새롭게 자리매김할 때, 예수는 우리의 삶 속에서 실제적인 지도자가 될 수 있을 것이다. 초기기독교에서 비롯된 사제직이나 성직은 예수의 희망에 정면으로 반대된다. 신약성서의 정경화 Canonization 작업들은 당시 교권敎權을 잡고 있던 초기교회의 지도력을 강화시키기 위해서 진행되었다(마16:16-19). 역사의 예수는 인간들을 분리하는 모든 경계들을 해체한다. 기독교인이 스스로 '구원받은 자'라는 선민의식을 가지고 타자와 자신을 구분하는 것은 과연 일체의 경계를 해체하고 있는 예수의 복음에 합당한가? 이웃사랑의 실천은 이웃과의 관계개선 그 자체에 있다. 그러나 기독교는 외부적인 보상교리를 발전시켜 기복종교화祈福宗敎化 하였다. 정통을 주장하는 교회들의 교리는 니케아 신조에 근거한다. 그러나 니케아 신조는 교회의 실천에 적합하지 않다. 오늘날 기독교인의 자기 정체성은 '바른 교리orthodoxy'에 의해서가 아니라 '바른 실천orthopraxis'에 의해서 찾아져야 한다. 수정되어야 할 교리는 무엇인가? 하나님께서 인류를 구원하기 위해서 아들의 피를 요구했다는 보혈의 공로에 의한 구원 사상은 수정되어야 한다. 예수가 아버지 없이 태어났다고 해서, 구원자가 되는 것은 아니다. 사생아私生兒 메시아의 모습은 하나님의 흠 없는 어린양보다 더 사람들을 감동시키는 구원자의 모습이다. 어거스틴의 원죄유전론原罪遺傳論은 신학사의 가장 큰 비극 가운데 하나이다. 기독교로부터 현세를 부정하며 복수심에 근거한 묵시종말 사상은 제거되어야 한다. 신약성서 정경Kanon은 재구성되어야 한다. 기독교 기원의 다양성을 반영할 수 있는 새로운 정경正經을 만들어, 기독교에 대한 문맹률을 낮추어야 한다.

"예수 세미나"의 한계

이상에서 살펴본 "예수 세미나"가 시도하고 있는 역사적 예수 탐구의 한계점은 무엇인가? "예수 세미나"의 역사적 예수 연구는 방법론적 전제들에 의해서 이미 결정되었음을 볼 수 있다. 첫째로 "예수 세미나"는 역사적 예수의 전승과 초대교회의 신앙고백 사이를 극단적으로 이분화시킨다. 이 도식에 따라 부활 이전 예수 전승에 진정성을 부여하고, 부활 이후 그리스도 신앙고백 전승에 대해서는 진정성을 부인하는 경향을 지닌다. 그렇다면 예수를 그리스도로 고백했던 제자들의 신앙고백은 생전에 그들이 따랐던 예수와 아무 연관성이 없는가? 생전의 예수 제자들과, 부활 후 예수를 그리스도로 고백했던 제자들은 전혀 다른 사람들인가? 그렇지 않다. 두 전승 모체는 동일집단이다. 그렇다면 두 전승 사이의 질적質的인 차이에 근거한 불연속성보다는 양적量的인 차이에 근거한 연속성이 추구되어야 할 것이다.

둘째로, "예수 세미나"는 예수 말씀의 진정성에 대한 기준을 "구전oral tradition"에서 찾고 있다. 구전문화口傳文化에서 오래 기억될 수 있는 것은 간결하고 짧은 지혜전승이라는 전제에서다. 그들은 복음서에서 지혜의 말이 가장 진정한 예수의 언어이며, 그것들을 설파하는 예수는 현자賢者라는 결론에 도달한다. "예수 세미나"는 예를 들면 도마복음서를 공관복음서들 보다 먼저 쓰인 작품으로 여긴다.

셋째로, "예수 세미나"는 예수의 하나님 나라 선교에서 종말론적인 요소를 제거시켰다. 그들은 Q에서 종말론적 선포자로서의 예수 상像을 제거하고, 지혜 교사로서의 예수 상像에 진정성을 부여한다. 초대교회가 철저히 종말론적 신앙으로 무장되었다고 해서, 예수가 설파한 묵시적 종말의 담론들의 진정성을 단순하게 부인한다는 것은 아무래도 논리의 비약이라고 보지 않을 수 없다. 초기교회의 묵시적 종말론의 강조는 오히려 그들이 추종했던 역사적 예수의 종말론적 선교 상황에서 유래하였을 역사적 개연성蓋然性이 더 높다고 보아야 할 것이다.

넷째로 "예수 세미나"는 '역사 실증주의적' 오류를 범하고 있다. 역사적으로 증명할 수 없다고 해서 진정성을 부인하는 논리는 아무래도 설득력이 약하다. 어떤 주장의 논리적 근거가 약하다고 해서, 그 주장이 잘못되었다고 성급하게 결론을 내릴 수는 없을 것이다. 예를 들면 그들은 예수의 동정녀 탄생 이야기를 해석하는 가운데 마리아가 어떤 남성과 성(性)관계를 가졌을 때 예수가 탄생한 것이 역사적 사실이라고 주장한다. 동정녀 탄생 이야기는 초기교회에 의해서 구성된 허구라고 말한다. 이러한 "예수 세미나"의 주장들은 19세기 계몽주의의 영향을 받은 자유주의 신학자들의 예수 이해와 일정한 상관성이 있음을 알 수 있다.

이상에서 일별한 "예수 세미나" 운동은 지난 수 세기에 걸쳐 진행된 역사적 예수 연구사에서 한 시대를 담당하고 있음을 알 수 있다. 그것은 역사적 예수 연구의 다양한 흐름 가운데, 하나의 흐름을 나타낼 뿐이다. "예수 세미나" 운동은 이 점에서 평가되어야 할 것이다.

예수신앙의 회복

기독교는 역사적 예수에게서 출발한다. 그런데 기독교 역사가 전개되는 과정에서 교권주의자들은 예수보다 기독교와 교리(도그마)에 더 관심을 기울여 신학을 전개하였고, 그 결과 기독교는 역사적 예수의 본 모습을 상실하기에 이르렀다. 역사적 예수에 관한 탐구들은 2~4세기에 걸쳐 형성된 '도그마화된 예수상(像)'으로부터 '예수의 복음'을 해방시키기 위한 노력의 일환으로 전개되어 왔음을 알 수 있다. "예수 세미나"는 '예수의 복음'에로 나아가는 하나의 길을 우리에게 제시하고 있다. 그러나 그들은 예수의 복음과 초대교회 내지 기독교 2천년 역사를 이분화하여 양자 사이의 질적 단절을 초래했다는 점에서 그 한계성이 발견된다 하겠다.

파스 로마나

　기독교 복음이 한국에 들어온 지 2세기에 접어들었다. 이제 한국교회는 유년기를 지나 청년기에 들어섰다고 볼 수 있다. 그동안 한국교회는 완만한 성장을 해오다가 70년대에 접어들면서 지난 30여 년 동안 한국형 자본주의(성장지상주의)의 특수를 타고 급속히 성장하면서, 세계교회의 주목을 받게 되었다. 한국교회 성장의 동력을 어디에서 찾을 수 있는가? 그 원인을 정확하게 파악하는 것은 그리 쉬운 일이 아니지만, 오순절 성령운동과 물질축복 중심의 기복주의 신앙운동이 그 하나임을 부정할 수는 없다. 물론 이러한 신앙운동들이 박제화 되어 가는 기독교 선교운동에 활력을 불어넣어준 긍정적인 예들은 교회역사에서 종종 찾아볼 수 있다. 그러나 동시에 부정적인 측면들 역시 적지 않음을 알 수 있다. 성장의 그늘에 묻혀있는 숱한 역사적 부채들을 한국교회는 안고 있다.

　21세기 지구촌 자본주의 시대에 접어들면서, 한국사회는 신자유주의 시장경제 논리에 의해서 재편되어 가고 있다. 한국사회가 겪는 가치관의 혼돈은 이와 무관하지 않을 것이다. 한국교회도 그 영향력에서 벗어날 수 없다. 한국교회는 성장 강박관념에 사로잡혀 복음선교를 교회성장과 동일시하고, 구원을 물질축복과 동일시했다. 선교의 목적이 되어야 할 복음전파가 오히려 교회성장을 위한 도구로 바뀌는 신앙적 가치관의 혼란을 겪고 있는 것이 한국교회의 현실이다.

신앙적 가치관의 혼란을 한국교회는 어디에서 바로 잡아야 하는가? 성서로 돌아가 그 길을 찾는 수밖에 없다. 예수운동의 '원형archetype'을 찾아, 그것을 기준으로 신앙의 정체성을 바로잡는 길을 모색해야 할 것이다.

기원후 1세기 팔레스타인은 로마제국의 식민지였다. 로마는 우수한 군사력을 바탕으로 세계화를 달성하였는데, '팍스 로마나pax romana'야말로 그들이 추진했던 세계화의 도구였다. '팍스 로마나'가 무엇인가? 그것은 지배, 강탈, 억압, 착취를 통하여 전 세계를 하나의 로마 식민지로 만든 것 외에 다른 것이 아니다. 예수와 초대교회가 전개한 하나님나라 공동체 운동은 비록 박해받던 소수에 불과하지만, 이와 같은 제국주의적 세계화 구조와 전혀 차원을 달리 하는 세계화의 성격을 지닌다고 볼 수 있다. 따라서 예수가 꿈꾸고 실천했던 대안 공동체를 탐험하는 것은 오늘날 한국교회가 신앙적 정체성을 회복하는 일과 불가분의 관계를 가진다.

세례자 요한과 이스라엘 공동체

교회는 예수에 의해서 결성되고 그의 죽음을 통해서 거룩해진 하나님 백성들의 모임 외에 다른 것이 아니다. 교회의 기원을 어디에 두어야 하느냐는 해묵은 화두인데, 비록 교회설립이 오순절 사건(행2장)에 직결되어있다는 주장이 보다 설득력을 지니고 있다 하더라도, 그것을 역사적 예수의 공생애와 분리시켜 생각할 수는 없을 것이다.

복음서는 예수의 하나님 나라 선교 시작을 세례자 요한과의 관계 속에서 서술한다. 이것은 초창기 예수운동이 세례자 요한의 회개(메타노이아)운동과 어느 정도 상관성이 있음을 시사한다. 예수가 공생애 시작을 전후해서 일정기간 동안 세례자 요한의 회개운동에 참여하여 그의 제자로서 활동했는지에 대해서는 확인한 길이 없다. 그러나 내적인 연관성이 있다는 사실은 부정할 수 없다.

세례자 요한의 회개운동은 그 대상이 이스라엘에 국한되어 있다. 임박한 종말에 직면하여 이스라엘을 회개시키는 것이 그의 주요 임무였다. 요한이 유다광야를 거점으로 "죄 용서를 위한 회개의 세례"를 선포한 것은 출애굽 전통의 지평에서 회개운동을 해석하고 있음을 나타낸다(막1:4).

세례자 요한의 회개운동은 개인이나 이방민족을 대상으로 하지 않는다. 그것은 어디까지나 이스라엘을 그 대상으로 한다. 이스라엘을 모아 회개에 합당한 열매를 맺게 함으로써, 종말적 심판에 대비시키는 것이 그가 벌인 회개운동의 지향점이다.

초창기 예수운동 역시 이 범주에서 크게 벗어나지 않고 있다. 이 사실에 주목한 타이쎈은 예수운동을 유대교 내에서 전개된 갱신운동의 하나로 그 성격을 규정한다.

그러나 예수의 말씀을 모아 전승했던 초기그리스도교 교회공동체는 이스라엘이 아브라함의 자손이라는 것 자체가 종말적 심판에서 구원을 보장해 주지 않는다는 사실을 날카롭게 지적한다. "'아브라함이 우리 조상이다' 하고 말할 생각을 하지 말아라. 하나님은 이 돌들로도 아브라함의 자손을 만드실 수 있다. 도끼가 이미 나무뿌리에 놓였으니, 좋은 열매를 맺지 않는 나무는 다 찍혀서 불에 던져진다."
(눅3:8-9Q)

예수의 하나님 나라 공동체와 이스라엘

요단강에서 세례자 요한으로부터 세례를 받은 나사렛 예수는 하나님나라 운동을 시작하기에 앞서 먼저 제자집단을 모은다. 그는 제일 먼저 갈릴리 해변에서 베드로 형제를 위시하여 네 명의 제자를 선택한 다음(막1:16-20), 얼마 후에는 열두 명의 제자를 선발하여 그들에게 귀신을 내어쫓을 수 있는 카리스마적 권세를 부여하고, 두 명씩 짝지어 파송한다(막3:13-19). 그들의 사명은 이스라엘 마을을 돌아다니면서 예수처럼 하나님 나라가 임박했음을 선포하고, 그 증거로써 귀신을 내쫓고 병자를 치료하는 일이다.

예수는 열두 명의 제자들을 동역자(partner)로 선발하고, 그들과 더불어 하나님 나라 공동체 운동을 전개하였다. 열둘이 고대 이스라엘의 열두 지파를 상징하는 숫자임을 감안할 때, 예수의 하나님 나라 공동체 운동은 고대 이스라엘의 회복에 대한 당시 이스라엘 민중의 종말론적 희망과 꿈을 담고 있음이 분명하다. 제자를 "선발하고" "파송하는" 행위(막3:14)는 고대 이스라엘 공동체의 예언자 집단에서 발견되는 전형적인 모습이다. 열두 제자를 선발하여 파송하는 데서 우리는 예수의 예언자적 자의식을 엿볼 수 있다.

예수가 전개한 하나님 나라 공동체 운동의 이스라엘 지향성은 열두 제자를 선택하는 장면뿐만 아니라, 그들을 파송하는 장면에서도 분명하게 드러난다. 예수께서 이들 열둘을 파송하면서 그들에게 다음과 같이 당부한다.: "이방 사람의 길로도 가지 말고, 또 사마리아 사람의 도시에도 들어가지 말고, 이스라엘 집의 잃은 양에게로 가거라."(마10:5-6QMt) 예수는 이방 사람의 길이나 사마리아 사람의 도시들이 아니라, '이스라엘 가문의 잃은 양'을 선교의 대상으로 삼고 있다. 이방인 및 사마리아인과 대응되는 개념으로 사용되고 있는 것으로 미루어 보아, '이스라엘 가문의 잃은 양*ta probata ta apololota oikou Israel*'은 거시적으로 '온 이스라엘'을, 그리고 미시적으로는 이스라엘 사회의 중심부에서 소외된 주변부 민중을 지칭하고 있음을 볼수 있다.

하나님 나라의 민중적 성향

이러한 선교의 하나님 나라 민중 지향성은 다음에 이어지는 선교 내용에서 더욱 분명하게 드러난다. 예수는 열두 제자를 주변부 이스라엘에게 파송하면서, 하나님 나라가 다가왔음을 알리고, 그 표징sign으로 병자를 고쳐주고, 죽은 사람을 살리며, 나병환자를 깨끗하게 하고, 귀신을 내쫓으라고 한다. 이러한 관점에서 볼 때, 하나님 나라의 도래는 이스라엘 주변부 민중(여기서는 병자, 죽은 자, 나병환자, 귀신들린 자)의 해방과 분리되지 않는다.

예수의 제자 공동체는 어떻게 구성되어 있는가? 우선 어부가 있는가 하면, 세관원과(마10:3) 젤롯당 출신들(눅6:15)도 여럿 보인다. 어떤 의도에서 예수는 로마에 협력하던 세관원과 로마의 지배에 항거하여 폭력투쟁을 불사하였던 젤롯당 출신까지 제자 공동체에 합류시킨 것일까? 로마의 식민지 지배 하에서 억압과 착취 그리고 분쟁과 파쟁으로 인하여 공동체성이 파괴되고 계층화된 이스라엘 민중을 종말 때에 하나로 통합시키려는 의도가 있었을 것이다. 화이부동和而不同의 예수 제자 공동체는 로마의 노예제 사회구조 그리고 이스라엘의 가부장적 사회계층 구조에 대한 대안적 성격을 지니고 있다.

예수가 선포한 하나님나라 공동체는 일차적으로 질병퇴치와 연관성이 있다. 예수의 하나님 나라 실천에서 중요한 역할을 하는 귀신축출과 병자치유는 하나님 나라가 닥쳐왔다는 신호sign일 뿐만 아니라, 동시에 그것은 '지금 - 여기'에서 하나님 나라의 현존現存을 가리킨다. 이것은 하나님나라 공동체의 성격을 규정한다. 하나님나라 공동체에서는 정신적인 질병으로 고통당하는 사람(귀신들린 자)이나 신체적인 질병으로 고통당하는 사람의 건강회복을 배제하지 않는다. 이러한 공동체의 민중적 특성은 예수의 특성을 사회적 소수자들에 대한 편향성에서 찾고 있는 초기그리스도교 큐(Q)교회 공동체를 소개하는 큐 공동체의 전승에서 발견된다: "눈먼 사람이 보고, 다리 저는 사람이 걸으며, 나병환자가 깨끗해지고, 귀먹은 사람이 들으며, 죽은 사람이 살아나고, 가난한 사람이 복음을 듣는다."(눅7:22Q) 하나님 나라 공동체의 구원은 이스라엘 주변부 민중이 앓고 있는 질병으로부터의 해방, 곧 그들의 신체적 건강과 온전함을 담보한다.

하나님 나라의 이방적 성향

예수의 하나님나라 공동체가 이스라엘 주변부 민중의 구원을 지향하고 있다면, 이방인은 어떤 위치에 있는가? "내가 너희에게 말한다. 많은 사람이 해 뜨는 곳과 해지는 곳에서 와서, 하늘나라에서 아브라함과 이삭과 야곱과 함께 잔치자리에 앉을 것이다. 그러나 이 나라의 아들들은 바깥 어두운 데로 쫓겨나서, 거기에서 울며 이를 갈 것이다."(마8:11Q) 마지막 때에 하늘나라 잔치에서 이스라엘 선조들과 자리를 함께 할 사람들은 놀랍게도 그의 후손들이 아니라 "많은 사람polloi," 곧 동쪽과 서쪽에서 모여들 이방인들이다. 어두운 곳으로 쫓겨날 운명에 처해있는 '이스라엘'과 하늘나라 잔치상에 참여하게 될 '이방인'이 이 로기온에서는 대조되고 있다. 이스라엘 선교에 대한 예수의 좌절이 본문의 배경에 깔려있음을 추측할 수 있다. 예수가 성전을 숙청하게 된 동기 가운데 하나는 만민(이방인)의 기도하는 집으로 개방하기 위한 것이었음을 알 수 있다. "내 집은 모든 민족을 위한 집이라 불릴 것이다. …"(막11:17) 이러한 말씀들의 성향으로 미루어 보건대 예수는 결코 하나님나라 공동체에서 이방인을 배제시키지 않고 있음을 알 수 있다.

하나님 나라와 사회적 소수자들

예수는 하나님 나라 공동체의 주변부 민중 지향성을 큰 잔치 비유에서 천명한다. "어떤 사람이 큰 잔치를 베풀고, 많은 사람들을 초대하였다. …그런데 그들은 모두 하나같이 핑계를 대기 시작하였다. … 그 종이 돌아와서 이것을 그대로 자기 주인에게 일렀다. 그러자 집주인이 노하여 종더러 말하기를 '어서 시내의 거리와 골목으로 가서 가난한 사람들과 지체장애인들과 눈먼 사람들과 다리 저는 사람들을 이리로 데려 오너라' 하였다. … 초대받은 사람들 가운데서는 아무도 나의 잔치를 맛보지 못할 것이다."(눅14:15-24Q) 밭을 사고 소를 사고 장가를 갔다는 이유로 초대에 불응한 사람들은 물론 예수의 하나님 나라 선교에 비협조적이었던 이스라엘의 기득권 계층에 속한 사람들이었을 것이다. 오히려 하나님 나라 잔치에 실제로 참여한 사람들은 의외로 거리에 떠돌아 다니는 주변부 민중이다. 하나님나라 공동체의 민중 지향성은 '들의 설교'에서 첨예하게 드러난다. "가난한 사람들은 행복하다. 하나님 나라가 너희에게 속해있다. …"(눅6:20-21Q)

예수의 하나님나라 공동체는 일차적으로 열둘이라는 숫자가 보여주듯이 '온 이스라엘' 특히 주변부 이스라엘 민중의 모음과 회복을 겨냥하고 있지만, 그렇다고 해서 이스라엘에 국한된 것은 아니고, 이방인에게도 개방되어있다는 점에서 특징을 찾아볼 수 있다. 이스라엘은 하나님나라 공동체, 곧 보편성을 띤 종말적 구원 공동체를 건설하기 위한 하나의 방편으로 부름 받았을 뿐이다.

하나님나라 공동체의 대안적 성격

예수가 추구했던 하나님나라 공동체는 어떤 성격을 띠고 있는가? 이 화두는 예수의 제자 집단의 성격과 불가분의 관계를 가진다. 예수의 하나님나라 공동체 운동에 가담한 사람들은 편의상 두 부류로 구분할 필요성이 있다. 동조자 공동체와 제자 공동체가 그것이다. 제자 공동체가 갈릴리 지역에 국한되어 있다면, 동조자 공동체는 갈릴리를 비롯하여 유대아, 베다니, 데카폴리스, 두로와 시돈, 가이샤라 빌립보 등 폭넓은 지역에 산재해 있었음을 알 수 있다. 제자*mathetes*

공동체가 가정과 고향과 소유를 버리고 예수와 동고동락하면서 떠돌이 방랑의 삶을 살았다면, 동조자Sympathisante 집단은 아마도 일정한 생업에 종사하면서 자기 고향에서 가족을 부양하는 서민층에 속해 있을 개연성이 높다.

예수를 따르는 제자 공동체는 유대교의 랍비 – 제자 관계와는 성격을 달리 한다. 유대교에서 제자 지망생이 자의적으로 랍비를 선택하고, 스승과 제자 사이가 주로 율법에 관한 지식과 사상을 전수하는 것을 주요내용으로 한다면, 예수운동에서 선택의 주도권은 제자 지망생에게 있는 게 아니라, 오히려 예수에게 있다. 즉 예수가 제자들을 부르고, 그들의 생업현장으로 찾아간다(눅9:59 이하 Q). 예수는 그들을 제자로 부르면서 따르도록 하는데, 이 따름은 그들의 생업 포기(막1:16-20)를 전제하고, 가족관계의 단절을 촉구한다: "나는 아들이 아버지를, 딸이 제 어머니를, 며느리가 제 시어머니를 거슬러서 갈라서게 하러 왔다. 사람의 원수가 제 집안 식구일 것이다. 나보다 아버지나 어머니를 더 사랑하는 사람은 내게 적합하지 않고, 나보다 아들이나 딸을 더 사랑하는 사람도 내게 적합하지 않다."(마10:36-38Q) 예수의 제자 공동체 가입은 혈육으로 맺어진 인연의 줄을 끊도록 촉구한다. 이제 제자들은 예수와의 동반자적 삶, 곧 그와 동고동락하는 생활공동체의 삶을 살게 된다. 제자 공동체는 가족과의 단절과 예수와의 생활공동체 형성에 머무는 것이 아니다. 거기에서 한 걸음 더 나아간다: "또 자기 십자가를 지고 나를 따르지 않는 사람도 내게 적합하지 않다."(마10:38Q) 랍비의 제자들과는 달리 예수의 제자들은 스승이 당하는 고통과 죽음까지도 각오하지 않으면 안 된다. 예수와의 운명공동체를 형성한다.

예수제자 공동체

예수의 제자 공동체는 열둘에 국한되는가? 그렇지 않다. 예수가 갈릴리 지역의 여러 성과 마을을 돌아다니면서 하나님 나라 복음을 선포할 때, 열두 제자만 동행한 것이 아니다. "악령과 질병에서 고침을 받은 몇몇 제자들도 동행하였는데, 일곱 귀신이 떨어져 나간 막달라라고 하는 마리아와 헤롯의 청지기인 구사의 아내 요안나와 수산나와 그밖에 여러 다른 여자였다."(눅8:1-3) 이와 같은 여성제자들 역시 가정을 떠나, 자기가 가진 재산으로 예수를 섬기고 제자 공동체의 살림을 도왔을 것이다. 동조자 집단과는 달리 그를 따르려는 제자들에게 예수는 윤리의 엄격성을 요구하였다.

그렇다면 무엇을 목적으로 예수는 이러한 제자 공동체를 구성했는가? 72명의 제자를 선발하고, 그들을 각 성읍과 마을에 파송하면서 예수는 다음과 같이 당부한다: "추수할 것은 많으나, 일꾼이 적다. 그러므로 추수하는 주인에게 추수할 일꾼을 보내달라고 청하여라."(눅10:2Q) 추수는 마지막 때의 심판과 구원을 가리키는 구약성서적 표상인데, 추수하는 주인은 물론 하나님을 가리킨다.

그러면 추수한다는 것은 무엇을 뜻하는가? 그것은 흩어진 이스라엘, 곧 산재散在한 하나님의 백성을 종말의 때에 한 곳으로 "모아 들인다"는 것을 뜻한다. 종말의 때에 하나님 나라를 선포하고 하나님 백성 이스라엘을 불러 모으기 위하여 예수는 제자 공동체를 결성했다고 볼 수 있다.

이 과업을 달성하기 위해서 제자 공동체는 무슨 일을 해야 하는 가? 하나님 나라 복음을 선포하며, 대안 공동체적 삶을 살고, 형제자 매 공동체로 거듭나는 삶을 살게 한다. 예수가 제시하고 있는 제자 공동체의 성격은 어디에서 발견되는가? 마가의 손질이 엿보이기는 하지만, 예수는 말한다. "나와 복음을 위해서 집, 형제, 자매, 어머니, 아버지, 자녀, 토지를 버리는 사람은 그 대가를 백배로 받을 것이며, 현세에서는 박해도 당하지만 집, 형제, 자매, 어머니, 자녀, 토지를 받 고, 내세에서는 영생을 받을 것이다."(막10:29-30) 예수의 제자 공동체 에 들어오기 위해서, 곧 예수와 복음을 위해서 그들은 무엇을 버려야 하는가? 형제와 자매를 버려야 한다. 혈연관계의 단절을 뜻한다. 아 버지와 어머니를 버려야 한다. 가부장적 가족질서와의 단절을 뜻한 다. 자녀를 버려야 한다. 노년기 생활보장의 포기를 뜻한다. 토지를 버려야 한다. 삶의 보장의 거점으로 생각하고 있는 하나님께서 주신 유산이나 소유의 포기를 뜻한다. 예수는 도래하는 하나님 나라에 직 면하여 제자 공동체에게 인간의 삶을 보장해주는 이 모든 것을 상대 화시킬 것을 종용한다.

탈소유脫所有 공동체

복음과 하나님 나라를 위하여 지금까지 삶을 보장해준다고 생각 했던 것들을 버린 자들만이 이제 새 가족을 얻게 된다. 물론 그들 은 현세에서 박해를 받을 것이다. 그들은 그럼에도 불구하고 현세에 서 잃은 것을 백배나 되돌려 받게 될 것이다. 그것은 이미 미래적 사건 이 아니라 현재적 사건으로 된다. 제자들은 자기 가정과 소유를 버렸는데, 이제 새로운 가정을 얻게 된다. 공동체 안에서 그들은 새 형제자매를 발견하고, 그들을 반갑게 맞이하는 새 어머니들을 발견한다. 그런데 주목할 것은 보상 가운데 아버지에 대한 언급이 빠져있다. 아버지는 가부장적이고 권위주의적인 사회제도의 상징이다. 여기에는 가부장적 사회질서에 대한 예수의 부정적인 입장뿐만 아니라 예수가 생각했던 대안공동체의 탈脫가부장적 성격이 반영되어 있다. 그들은 자기 토지를 버렸는데, 공동체 안에서 새로운 노동의 장場을 얻게 된다. 새 가족 공동체의 특성은 식탁교제table fellowship에서 나타난다(막8:6-7).

예수가 제자들에게 탈가정脫家定과 탈소유脫所有를 종용했지만, 그것은 종말적인 새 가정, 곧 하나님 나라 공동체를 세우기 위함이었다. 예수가 생각했던 하나님 나라 가정 공동체의 실상은 무엇인가? 예수가 어느 집에 들어가 있는데, 많은 사람들이 그를 에워싸고 있어서 식사할 겨를도 없었다. 그때 예수의 친척들이 찾아와 그를 강제로 집으로 데려가려고 한다. 아마도 예수가 귀신을 내쫓고 병을 치료하는 행위들을 보고 그가 귀신들린 것이 아닌가 생각했었던 것 같다(막3:21). 그의 친척들이 찾고 있다는 소식을 접한 예수는 이렇게 대답한다. "누가 내 어머니이며, 내 형제들이냐?" 그리고 그의 주변에 앉아 있는 무리를 보면서, "보아라, 내 어머니와 내 형제들이다. 누구든지 하나님의 뜻을 행하는 사람이 곧 내 형제요 자매요 어머니다."(막3:31-35) 예수는 본문에서 자기 가족과의 결별을 선언하고 새 가족을 구성한다. 제자들 뿐 아니라 그를 둘러싼 '무리ochlos'를 새 가족으로 선언한다. 그들이 곧 하나님의 뜻을 행하는 사람들이다. 여기에서 '하나님의 뜻thelema tou theou'은 무엇을 말하는가? 그것은 모세율법이 아니라, 도래하는 하나님 나라에 직면하여 하나님 백성을 거두어들이는 일, 곧 추수하는 일과 연관성을 가진다. 하나님의 뜻을 행하는 사람은 제자만이 아니다. 예수의 복음을 듣고 하나님 나라에 자신을 개방하고, 공동체 운동에 참여하는 사람 모두를 뜻한다.

섬기는 지도자 예수

하나님 나라 공동체 운동은 권능을 가지고 이스라엘 전역으로 파급된다(마11:12). 예수는 이스라엘의 사회제도에 불을 지르고, 가족제도는 사분오열된다(눅12:49-53Q). 하나님 나라 공동체가 결성되는 곳에는 혈연으로 맺어진 이스라엘 씨족사회의 가족제도가 해체되고, 가부장적 질서가 파괴된다. 새 공동체에서는 가부장적 지배와 권위의 상징인 아버지가 남아있어서는 안 된다(막10:29-30). 하늘 아버지 한 분을 중심으로 오직 어머니의 모성과 형제간의 우애와 자녀의 신뢰가 있어야 한다. 한 걸음 더 나아가서 공동체 안에서는 랍비 유대교와는 달리 스승도, 지도자도 있어서는 안 된다. 스승과 지도자는 한 분 그리스도이다(마23:8-10). 예수 공동체의 탈脫가부장적 특성은 섬기는 지도자상(像)에서 분명하게 드러난다. 예수는 섬김을 받으러 온 것이 아니라, 섬기러 왔다는 것이다. 예수가 친히 보여준 '섬기는 지도자상'은 제자 공동체 질서에도 그대로 이어진다. 공동체에서 "으뜸이 되고자 하는 사람은 섬기는 사람이 되어야 한다."(마23:11) 공동체 안에서는 가부장적 지배구조가 자리 잡아서는 안 되며, 지배관계가 존재해서도 안 된다. 공동체 구성원들 사이에 지배적 보편성이 아니라 '횡적인 연관성lateral relationship'을 갖는 섬기는 지도자만이 존재해야 한다. 예수의 하나님 나라 공동체는 당시 로마 - 유대사회의 가부장적 지배구조에 대한 일종의 대안적 성격을 띠고 있음을 알 수 있다.

산상설교의 대안적 성격

예수가 추구했던 하나님 나라 공동체의 대안적 특성은 산상설교(들의 설교)에서 잘 나타난다. 산상설교의 대상은 제자들을 비롯하여 이스라엘 식민지 민중뿐만 아니라 이방지역의 식민지 민중도 포함한다. 산상설교의 대상이 제자공동체에 국한되는가, 아니면 이스라엘을 포함하여 식민지의 주변부 민중을 포함하는가? 산상설교의 전 문맥(4:23-5:1)과 후 문맥(7:28-29)을 고려할 때, 제자들을 포함하여 예수의 소문을 듣고 그를 따랐던 식민지 민중임에 틀림없다. 이스라엘 민중을 비롯하여 시리아, 데가볼리스, 요단강 건너편에 거주하는 식민지 민중이 그 대상 안에 포함된다. 누가는 좀 더 세밀하게 제자단을 설명한다. 12제자들과 '많은 군중'을 이룬 제자를 언급하고 있다. 이 광범위한 제자공동체를 예수는 평지설교의 대상으로 한다(눅6:17-20Q). 그러나 평지설교의 마지막 문맥을 고려할 때, 그 자리에 참석했던 모든 백성 역시 그 대상에 포함된다(눅7:1). 예수운동에 간접적으로 동참하는 동조자 집단이 그 대상임을 알 수 있다. 그들에게 주는 윤리도 엄격한 면에서는 제자 공동체 윤리와 다를 바 없다.

대립명제

산상설교는 모세의 시내산 율법과 관계성 속에서 서술되고 있다.

그것은 6가지 대립명제Antithese로 시작되는 문장의 계속되는 반복에서 분명하게 드러난다.

산상설교는 예수운동에 참여한 동조자들에게 일상적 삶에서의 철저한 윤리성을 요구한다. 그 점에서 당시 이스라엘 사회를 지배하던 기존의 율법적 관행과 대조를 이루고 있다. 첫 번째 대립명제는 화해를 주제로 한다. 이스라엘 사회의 율법적 관행은 살인을 금지하고 있으나 예수는 성내는 것 자체를 살인행위로 간주한다(마5:21-22). 둘째 대립명제에서 예수는 남성 중심의 성윤리를 비판한다. 음행한 경우를 제외하고는 이혼을 엄격하게 금지함으로써 당시 이스라엘 사회를 지배하고 있는 남성 중심의 이혼 관행을 해체한다(마5:31-32). 셋째 대립명제에서 예수는 한 걸음 더 나아가 남자가 여자를 보고 음욕을 품는 것 자체를 이미 간음으로 간주함으로써 남성들의 여성에 대한 성적 횡포를 비판한다(마5:27-28). 넷째 대립 명제에서는 사회적 불신 해소를 지향한다. 모세율법에 따르면 맹세를 하되 그것을 지키라고 했다. 그러나 예수는 아예 맹세 자체를 못하게 한다(마5:33-34). 다섯째 대립명제는 폭력금지에 관한 것이다. 눈은 눈으로, 이는 이로 갚으라는 당시 모세의 율법적 관행에 저항하여 예수는 어떤 형태의 폭력을 동반한 보복도 금지할 것을 촉구한다(마5:38-42). 어느 사회든 그 뿌리 깊은 곳에는 폭력이 자리 잡고 있다. 로마는 특히 폭력을 동원하여 세계를 정복하였다. 폭력이야말로 '팍스 로마나*pax romana*'를 지탱하는 뿌리였다. 예수는 이러한 폭력에 직면하여 비폭력적 저항을 강조한다. 마지막 대립명제는 사랑이다. 사랑에는 한계를 두어서는 안 된다는 것이 예수의 입장이다. 이웃사랑은 말할 것도 없고, 심지어 원수까지 사랑할 것을 요구한다(마5:45-48).

이상에서 살펴본 산상설교의 대립명제의 지평에서 볼 때, 예수는 과연 무슨 공동체를 꿈꾸었는가? 그것은 율법과 폭력에 근거한 기존 사회의 가치와 질서에 대립되는 공동체 질서를 지향한다. 예수의 대안공동체는 본질적으로 당시 폭력, 지배, 권위, 강압, 착취, 성차별에 근거한 남성중심의 가부장적 사회질서와 가치체계와 정면으로 마주 서있다. 예수는 사랑, 화해, 평등, 섬김, 봉사, 모성에 근거한 타자(식민지 민중) 중심적 대안 공동체를 추구했다.

타자성의 윤리

예수가 추구한 대안공동체적 타자성 윤리는 오늘날 탈현대성의 타자성 윤리와 상관성을 지닌다. 불란서의 철학자 메를로 퐁티는 "지배적 보편overarching universal"에 대응되는 "횡적 보편lateral universal"개념을 도입하여 타자의 세계를 존중하고 타자에 대한 책임윤리를 철학의 근간으로 삼는다. 그에 따르면 모든 것을 아우르는 하나의 철학은 존재하지 않는다. 철학의 중심은 어디에도 존재하고 동시에 어디에도 없으며, 철학의 주변 역시 어디에나 있으며 동시에 어디에도 존재하지 않는다. 그는 철학에 있어서 중심 – 주변의 이분법과 서열화를 해체한다. 그는 중심과 주변의 이분법적 사고를 해체할 뿐만 아니라, 지금까지 중심에 의해서 배제되어 온 주변periphery에 대하여 새로운 관심을 기울이고, 주변화된 타자들others의 중요성을 재인식한다.

타자에 대한 배려는 특히 길리건C. Gilligan에 의해서 강조되는데,

그녀에 따르면 우주 만물은 항상 타자와의 관계성 속에서 존재하며, 자아는 곧 관계적 자아로 정의된다. 그녀는 동시에 타자에 대한 배려care 또는 보살핌caring을 중시하는 여성적 도덕개념인 책임감과 인간관계에 초점을 둔다. 그녀에게 있어서 배려는 관계적이며 동시에 타율적이다. 다시 말하면 타자 지향적이다.

이와 동일한 지평에서 요나스는 자식에 대한 조건 없는 모성적 책임감을 "이타적利他的 배려"의 원형으로 본다. 모성적 휴머니즘에서는 자기주장이 있을 수 없으며 타자본위의 자기초월성이 중심을 형성한다. 타자성alterity은 책임윤리의 터전이며, 그 토대 위에서 타율이 발견되고, 타자성(타자본위)으로써의 '당신Thou'이 발견된다. 윤리적인 것은 필연적으로 자기초월적인 것, 곧 타자중심적인 것이 될 수밖에 없다. 윤리적 자아는 타자에 대한 책임적 자아인데, 그 윤리는 타자의 현존을 통해서만 가능하다.

레비나스는 탈현대적 타자성의 윤리를 타율성heteronomy 및 책임성responsibility과의 연관성 가운데서 이해하고 있다. 그에 따르면 인간의 주관성subject은 그 자체를 위해서가 아니라 타자를 위해서 존재한다. 그는 주관성을 타자 중심적으로 이해함으로써 주관과 타자 사이의 경계를 해체한다.

이상에서 간단하게 살펴본 바와 같이 차별성과 더불어 "타자성"의 발견은 탈현대적 윤리의 상수常數 가운데 하나이다. 탈현대주의자들이 그토록 강조하는 타자성의 윤리를 역사상에서 가장 완벽하게 실현한 사람 중 한 분이 아마도 예수일 것이다.

팔레스타인 사회의 중심부에서 주변부로 밀려난 식민지 민중이야말로 탈현대주의자들이 그토록 강조하는 타자 외에 다른 것이 아니다. 예수는 자기 자신을 위해서가 아니라 철두철미하게 타자를 위해서 살았다. 예수의 삶은 한마디로 "타자를 위한 삶life for others"이었다. 예수뿐만 아니라 그를 추종하는 하나님 나라 공동체 역시 "타자를 섬기는 삶diakonia"에서 그리스도인으로써의 자기정체성self-identity을 확인하였다. 예수 공동체가 지향했던 타자를 위한 섬김의 삶은 오늘날 한국교회에게 암시하는 바가 크다.

갈릴리 산상수훈 들판

사회의 양극화

우리가 살고 있는 21세기는 세계화의 시대로 특징지을 수 있다. 경쟁을 주요가치로 삼는 신자유주의와 시장경제 그리고 초국적超國的 자본들이 국가 간의 경계를 초월하여 이윤 극대화를 위한 하나의 자본주의 시장으로 지구촌 전체를 재편입하고 있다. 이러한 과정에서 국가 간 또는 단일 국가 내의 부익부빈익빈 현상이 두드러지게 나타나고 있다.

미국의 인구조사연구소(PRB)가 발표한 '2005년 세계인구 통계표'에 따르면 세계 65억 인구의 절반이 넘는 사람들이 하루 2달러도 안 되는 돈으로 목숨을 연명하고 있으며, 세계인구의 53%가 빈곤선에서 허덕이고 있는 것으로 나타났다.

오늘날 우리 사회가 겪는 사회적 양극화 현상은 개인의 게으름이나 무책임에서 비롯된 것이라기보다는 경쟁제일주의, 시장근본주의, 약육강식의 논리, 배금주의를 신으로 섬기고 있는 현대사회의 구조적인 모순에서 비롯된다고 볼 수 있다. 아담 스미스는 비록 자신의 이익을 추구하더라도 그런 행동이 시장경제 체제 속에서 행해진다

면 '보이지 않는 손'이 작동하여 모든 사람에게 그 이익이 돌아갈 것
이라고 주장한 바 있다. 그러나 그는 '보이지 않는 손'의 전제조건으
로서 이웃과 '공감'의 중요성을 함께 강조했다. 더 많은 이익을 얻기
위해서 최선을 다하되, 타인의 처지에 관심을 기울이고 배려하는 마
음이 있을 때만 건강한 사회가 유지될 수 있다는 것이다.

비록 우리 사회가 민주화되었다고는 하나, 아직도 빈곤과 소외를
구조적으로 재생산하는 강자 중심의 사회적 모순은 크게 개선된 바
없다. IMF 이후 우리 사회도 중간층이 사라지고 양극화 현상은 심각
한 수준에 달하고 있다. 곧 인권의 사각지대로 몰린 가난한 사람들,
장애인들, 외국인 근로자들, 비정규직 및 일용직 근로자들, 삶의 뿌
리를 상실한 채 떠돌아다니는 노숙인들, 빈곤의 수렁에서 헤어나지
못하는 북한동포들, 이러한 소외된 군상들의 인권문제는 사회 구성
원의 하나인 한국교회가 관심을 가지고 해결해야 할 이 시대의 선교
과제가 아닐 수 없다.

팍스 로마나와 복음서의 세계

로마제국은 노예제 사회로 성격 지을 수 있다. 로마제국을 지탱해
주는 물질적 기반은 노예들이었는데, 로마는 제국의 운영에 필요한
노동생산력 증가를 위해서 더 많은 노예들을 필요로 하였고, 끊임없
이 주변국들을 침략하고 정복하여 얻은 전쟁포로들로 충당했다.

로마가 팔레스타인을 침공한 것은 기원전 63년이다. 로마의 장군
폼페이우스는 갈릴리 지역을 점령하면서 일할 수 있는 젊은이들은
전쟁노예로 끌고 갔고, 어린이와 노약자들을 살해하였으며 갈릴리

온 마을을 불태웠다. 예수가 태어나던 해인 기원전 4년 로마의 장군 바루스는 갈릴리 지역에서 일어났던 소요를 진압하는 과정에서 2천 명에 이르는 유대인들을 십자가에 처형하기도 하였다. 그 이후로 유 대지방과 갈릴리 지역을 다스리던 로마 장군들과 총독들은 십자가 형을 이용하여 피식민지 주민들을 위협하였으며, 그들로 하여금 더 이상 저항하지 못하도록 하였다. 로마인들은 십자가형을 주로 피식 민지의 저항 노예들이나 반란을 일으킨 자들에게 대한 처형방식으로 사용했는데, 십자가에 희생당한 사람들은 대개 매장이 금지되었고, 야생 짐승들이나 맹금류의 먹이가 되게 하였다. 십자가형은 다른 사 람들에게 전시효과를 위해 눈에 띄는 곳에 주검을 전시했다. 바울은 갈라디아 신도들에게 "십자가에 달린 예수 그리스도의 모습이 여러 분의 눈앞에 생생하게 나타나 있는데"라고 말한다(갈3:1).

예수가 등장하여 하나님 나라 복음을 전파하고 초대교회가 복음 을 전파하던 시기를 일컬어 로마의 사가史家들은 '팍스 로마나*pax romana*'라고 부른다. 로마제국의 역사에서 진정한 평화가 깃든 시기 였다는 점에서다. 그런데 '팍스 로마나'를 외치던 바로 그 시기에 쓰 인 복음서들은 이스라엘 사회의 중심부에서 밀려난 '바닥 민중들'의 이야기로 가득 차 있다. 가난한 사람들, 실업자들, 불치병 환자들, 불 구자들, 정신병환자들, 창녀, 세리, 죄인들의 이야기를 우리는 복음 서 곳곳에서 만난다. 이것은 소위 '로마의 평화'가 그 시대 피식민지 민중들의 인권유린을 담보로 지탱되고 있었음을 단적으로 보여주는 좋은 사례이다.

복음서들은 인권을 유린당한 바닥 사람들이 겪는 고난의 실상, 그

들이 예수를 만나 어떻게 삶의 용기를 얻고 운명의 질곡을 변화시켜
가고 있는가를 전한다. 로마제국의 식민지 치하에서 인권을 박탈당
한 바닥 사람들의 인권 회복 이야기가 다름 아닌 복음서의 주요 내용
을 이루고 있다.

복음의 원형 찾기

기독교는 역사적 예수의 하나님 나라 선교운동에 뿌리를 두고 있
다. 예수는 하나님 나라를 설교했는데, 이와 달리 초대교회는 예수
그리스도를 설교했다. 예수의 복음은 하나님 나라의 도래였는데, 교
회의 복음은 예수 그리스도였다. 예수는 달을 가리키며 보라고 했는
데(指月), 교회는 달을 가리키는 예수의 손가락을 보았다. 곧 역사적
예수에서 초대교회 시대에로 내려오면서 복음과 설교의 내용이 바
뀌었던 것이다. ‘복음 설교자messenger of Gospel’가 ‘복음의 메시지
message of Gospel’로 된 것이다.

교회는 무엇인가? 예수를 믿고 따르는 사람들의 모임이다. 그렇다
면 도대체 기독교는 신앙의 정체성self-identity을 어디에서 찾아야 하
는가? 예수여야 하는가, 아니면 초대교회여야 하는가? 역사적인 ‘예
수의 메시지message of Jesus’여야 하는가, 아니면 초대교회의 ‘예수에
관한 메시지message about Jesus’여야 하는가?

기독교 신앙의 정체성은 초대교회의 예수에 관한 메시지를 넘어서
어떤 형식으로든지 역사적 예수의 삶이나 그분의 가르침과의 연속성
가운데서 추구되어야 할 것이다. 초대교회의 예수에 관한 신앙과 아
울러 예수의 삶과 가르침, 그를 사로잡았던 비전vision이 기독교 신앙

의 기반이 되어야 하지 않을까? 복음 선포자를 복음의 내용으로 믿는 것을 넘어서, 복음 선포자의 선포 내용 또한 기독교 신앙에서 중요하게 다루어져야 할 것이다.

그런데 아쉽게도 지금까지 역사적 예수의 신앙이 아니라, 기독교는 예수에 관한 초대교회의 신앙에 근거해서 복음을 이해했고, 거기에 근거해서 기독교의 정체성을 찾았다. 예수에 관한 초대교회의 복음은 우리가 주일 예배 때마다 고백하는 사도신경에 잘 나타나 있다.

> "전능하사 천지를 만드신 하나님 아버지를 내가 믿사오며,
> 그 외아들 우리 주 예수 그리스도를 믿사오니, 이는 성령으로
> 잉태하사 동정녀 마리아에게 나시고, 본디오 빌라도에게 고
> 난을 받으사, 십자가에 못박혀 죽으시고, 장사한 지 사흘만에
> 죽은 자 가운데서 다시 살아나시며, 하늘에 오르사, 전능하신
> 하나님 우편에 앉아 계시다가, 저리로서 산 자와 죽은 자를
> 심판하러 오시리라. …"

우리가 사도신경에서 만날 수 있는 역사적 예수에 관한 정보는 무엇인가? 예수가 마리아에게 나서 빌라도에게 고난을 받고 죽었다는 것이 전부이다. 그 밖의 정보들, 곧 성령잉태, 부활, 승천, 하나님 우편에 앉아계심, 마지막 날에 심판자로 오심(파루시아) 등 주로 신화적인 언어로 고백된 신적인 그리스도의 모습이 사도신경의 중심자리를 차지하고 있다.

기원후 313년 콘스탄티누스 황제의 '밀라노 칙령'에 따라 로마세계에서 공인公認된 이후 기독교는 주로 지상을 걸어 다니신 하나님의 아들, 곧 성자 하나님이신 예수 그리스도를 믿고 그로부터 구원과 복

을 받는 기복신앙에 매달려왔다. '역사의 예수'가 아니라 초대교회에 의해서 '해석된 예수'가 기독교 신앙의 중심을 이루고 있다.

기원전 4년경 나사렛 마을에서 태어나 그곳에서 청소년기를 보낸 예수, 30세쯤 되어 출가出家한 후 대략 3년 동안 하나님나라 운동을 펼쳤던 예수, 이와 같이 땅에 발을 딛고 살았던 예수의 삶이나 가르침은 기독교 역사에서 소홀히 취급되어 왔고, 초대교회에 의해서 해석된 신적인 그리스도가 기독교 신앙에서 주도적인 위치를 차지하였다.

기독교는 복음의 원형을 어디에서 찾아야 하는가? 물론 복음서들 역시 예수가 하나님의 아들 그리스도라는 신앙(해석)의 기본 전제하에서 쓰였음을 부정할 수 없다. 그럼에도 불구하고 사도신경과 달리 우리는 복음서에서 역사적 예수의 삶과 가르침에 대한 비교적 믿을 만한 자료들을 찾을 수 있다. 예수가 무엇을 생각했고 어떤 세상을 꿈꾸었는지, 그리고 그가 무엇을 이루려고 하였고 우리에게 무엇을 촉구하였는지 그 윤곽을 찾아볼 수 있다.

예수는 예수이지, 그 어떤 것으로 대체되거나 설명될 수 없다. 이미 고백의 언어로 표현된 예수, 예수에게 붙여진 그리스도론적인 여러 칭호들은 더 이상 본래의 예수일 수 없다. 예수가 예수 아님을 볼 수 있을 때 우리는 예수 자체를 볼 수 있게 된다. 초대교회에 의해서 해석된 예수를 넘어서 복음서가 전하는 있는 그대로의 예수는 어떤 모습인가?

하나님 나라와 인권선교

예수의 출가는 두 가지 깨달음에서 비롯된다. 한편으로 자기 자신과 갈릴리의 소외된 민중이 둘이 아니라는 깨달음이 그것이다(不二). "이웃을 네 몸처럼 사랑하라"는 예수의 계명은 민중 또한 내 한 몸처럼 사랑해야 된다(與民同體大悲)는 '민중적 자의식,' 또는 '민중적 자아'의 깨달음에 근거한다. 다른 한편으로는 로마의 불평등한 노예제 사회구조에 대한 바른 인식이다. 예수는 로마황제의 통치 밑에서 갈릴리 민중이 천부적인 인권을 상실한 삶을 살고 있다는 깨달음을 얻게 되었다. 이러한 깨달음이 예수로 하여금 하나님나라 운동에 헌신하도록 만들었던 것이다.

예수가 벌인 하나님나라 운동은 인권회복 운동의 지평에서 볼 때 세 가지 차원을 지닌다. 하나님 나라 도래 선포, 무상 치유, 밥상공동체 실천이 그것이다.

첫째, 마가복음은 출가出家 후 예수의 공생애 첫 장면을 하나님의 복음 전파로 요약한다. 요한 세례자가 체포된 후 갈릴리로 가서 예수는 "때가 찼고, 하나님 나라가 닥쳐왔다"고 선포한다(막1:14-15). 한마디로 예수의 모든 가르침과 삶은 "하나님 나라의 도래"로 수렴된다고 말할 수 있다. 사람들에게 하나님 나라의 도래를 준비하는 삶을 살도록 촉구하고, 그 나라를 이 땅위에서 확장하는 것이 예수 선교의 목표였다.

'하나님 나라' 또는 '하늘나라(마태복음)'로 번역된 헬라어 '바실레이아basileia'는 주로 동작동사와 함께 시간적인 의미로 쓰인다. 그런 의미에서 바실레이아는 '하나님의 다스림' 또는 '하나님의 통치Reign of God; Gottesherrschaft'로 번역하는 것이 더 적절하다.

복음서에서 '바실레이아'는 일차적으로 '세상왕의 통치'와 대립개

넘으로 쓰이는데, 예수는 로마황제의 제국통치와의 대립관계에서 주로 하나님의 제국통치Gods imperial rule라는 의미로 이를 사용한다.

바실레이아를 로마황제의 식민통치, 곧 그 시대의 정치, 경제, 사회문제와 분리시켜 생각한다면, 그것은 피상적인 이해에 머물게 될 것이다. 로마의 황제가 아니라 하나님께서 지금 오셔서 직접 통치하신다면 세상은 과연 어떻게 달라질 것인가? 예수가 선포한 하나님 나라는 '하늘'에 관한 것이 아니라 '땅'에 관한 것이다.

요한 세례자의 묵시적 하나님나라 운동과 달리 예수의 하나님나라 운동은 근본적으로 기존사회의 체제나 가치를 부정하는 혁명적인 성향을 지닌다. 그것은 개인적인 악에 대해서가 아니라, 사회 제도적인 구조악構造惡에 대응된다.

예를 들면 초창기 기독교 세계에서 예수의 말씀을 주로 전승했던 큐(예수 어록)교회 공동체는 하나님 나라를 극빈자들의 인권해방과 직결시켜 전한다.

"너희 '가난한 사람들*hoi ptochoi*'은 복이 있다. 하나님 나라가 너희의 것이다."(눅6:20) 우리말 '가난한 사람'으로 번역된 헬라어 '프토코스*ptochos*'는 일반적으로 가난한 서민층 사람을 지칭하는 '페네스*penes*'와는 의미가 다르다. 예수는 가난한 서민층을 축복한 것이 아니라 특정한 사회 구성원을 축복한다. 질병, 천재지변, 구조악으로 인하여 타인의 도움 없이는 스스로 생명을 유지해나갈 수 없는 사람들, 절대 빈곤상태에 놓여있는 극빈자들, 오늘의 언어로 바꾸어 표현하면 노숙자들the homeless이 '프토코스'에 해당한다. 예수는 사회의 중심부에서 밀려난 변두리 민중*marginal minjung*을 축복한 것이다.

이 말씀은 개인윤리적인 감각으로 읽어서는 안 되고 사회윤리적인 감각을 가지고 읽어야 한다. 억압이나 불평등 구조가 내재화된 사회 속에서 복 받을 사람은 그 체제 안에 있는 사람이 아니라 체제 밖으로 밀려난 사람들outcasts이라는 것이다. 하나님 나라가 그들에게 속해있다는 예수의 선언은 무슨 뜻을 담고 있는가? 그것은 극빈자들을 구조적으로 재생산하는 불평등한 사회제도에 대한 비판이다. 사회에서 버림받은 극빈자들을 하나님 나라의 수혜자로 선언한 예수의 행태는 당시 가부장적인 사회를 지배하던 가치관과 정면으로 대립하였음에 틀림없다.

마태복음은 예수의 동일한 말씀을 변형시켜 전한다. "'영적으로 가난한 사람들*hoi ptochoi to pneumati*'은 복이 있다. 하늘나라가 그들의 것이다."(마5:3) 마태교회는 어록교회 공동체가 전하는 경제적인 극빈자에 대한 축복을 종교 – 윤리적인 지평에서 겸손한 사람에 대한 축복으로 바꾼다. 마태교회는 예수의 말씀이 본래 지니고 있던 사회적인 편파성과 과격성을 희석시키고 있다. 극빈자들에 대한 예수의 축복선언은 그들의 인권회복과 연관성이 있다.

무상치유 공동체

둘째, 예수의 하나님 나라 선교는 극빈자들을 하나님 나라의 첫 수혜자로 선포하는 데 그치지 않는다. 귀신을 추방하고 병자를 무상으로 치유하는 사건 가운데 하나님 나라가 현존함을 보여주었다. 복음서에 예수의 무상치유 이야기는 29회 정도 등장하는데, 선교지역에서 돌아온 제자들이 귀신을 내쫓았다고 보고하자, 예수는 사탄이 하늘에서 떨어지는 것을 보았다고 말한다. 그는 귀신추방을 하나님 나라의 도래와 연결시켜 이해하고 있다.

육체는 사회의 상징이다. 예수가 치료한 병자들은 주로 사회적으로 혐오스러운 병으로 고통을 당했으며 대부분 사회에서 격리된 지역에서 홀로 살던 사람들이다. 예수는 병자들을 치유한 후 집이나 마을로 돌려보낸다. 나병환자를 치료한 후 제사장에게 보내어 나은 것을 확인하도록 하는가 하면, 중풍병자를 치료한 후 침상을 들고 집으로 돌려보낸다. 혈루증 앓는 여인, 벳사이다의 시각장애인, 거라사의 귀신들린 자를 치료한 후 예수는 그들을 집으로 돌려보낸다. 그들을 가족이나 사회 공동체의 품안으로 돌려보냄으로써 질병으로 인해서 박탈되었던 그들의 인권을 회복시켜준다. 하나님 나라 도래의 일환인 예수의 무상 치유는 사회에서 소외된 사람들의 인권회복의 의미를 지닌다.

밥상 공동체

셋째, 예수는 온갖 질병으로 고통을 당하는 사람들을 무상無償으로 치료해주었을 뿐만 아니라, 그 시대 사회에서 소외된 세리나 죄인들과 더불어 한 식탁에 둘러 앉아 식사를 하였다. 예수는 잔치에 초대된 사람들을 비유로 들어 하나님 나라가 무엇인지 설명한다. 한 주인이 잔치를 베풀고 종을 보내어 친구들을 초대한다. 초대된 사람들은 나름대로 이유가 있어서 참석할 수 없게 되고 자리가 텅 비게 되었다. 그러자 주인은 종을 보내어 길거리에서 만나는 사람들을 데려다가 자리를 채우도록 한다. 최종적으로 하나님 나라 잔치에 초대받은 사람은 누구인가? 누가복음에 따르면 가난한 사람, 지체장애인,

시각장애인, 절름발이 등 사회에서 소외된 사람들이다. 마태복음에서는 선한 사람이나 악한 사람 모두를 데려왔다고 전하고, 도마복음에서는 길거리에서 부닥치는 사람 모두를 데려왔다고 한다.

밥상공동체는 축소된 형태의 사회를 보여준다. 사회적 장벽이나 경계를 초월하여 길거리에 떠도는 사람들이 한 자리에서 밥을 먹는다는 것은 그 시대의 사회의 가치관에서 보면 상상할 수 없는 일이다. 밥상공동체는 그 자리에 참여한 사람들 사이의 사회적 평등과 일치를 나타내기 때문이다.

누가복음에 따르면 하나님 나라의 열린 밥상공동체에 참여한 사람들은 사회의 소외된 사람들이다. 예수의 이러한 열린 밥상공동체 실천이 그를 "탐식가와 술주정꾼," "세리와 죄인의 친구"라는 별명을 듣게 하는 주요원인이 되었다. 예수의 열린 밥상공동체는 차별화되고 격리된 사회 속에서 인간 사이의 차별이나 장벽이 해체된 사회의 축소된 형태를 보여준다. 그것은 곧 사회에서 소외된 사람들의 인권회복을 상징한다. 이러한 예수의 열린 밥상공동체 운동은 그 시대의 양극화된 노예제 사회의 문화전통이나 가치관에서 보면 도저히 받아들일 수 없는 과격한 행동이었음을 알 수 있다.

예수의 인권선언

예수께서 안식일에 밀밭 사이를 지나치게 되었다. 그때 함께 가던 제자들이 밀 이삭을 자르기 시작하였다. 이것을 목격한 바리사이파 사람들이 예수에게 물었다. "보셔요. 당신의 제자들은 왜 안식일 규정을 지키지 않고, 해서는 안 되는 일을 하고 있는 건가요?"

그러자 예수는 다윗이 배가 고팠을 때 했던 일을 예로 들어 상기시키면서 말한다. "안식일이 사람을 위해서 있는 것이지, 사람이 안식일을 위해서 있는 것이 아니다(막2:27). 따라서 사람의 아들은 또한 안식일의 주인이다(막2:28)." 28절에서 '사람의 아들'이 그리스도론적 칭호로 쓰인 것인지는 확실하지 않다. 그러나 '사람의 아들'이 27절의 '사람'과 연관성 가운데서 쓰이고 있는 것은 분명해 보인다.

불트만은 마가복음 2장 27절 예수의 말씀은 고립시켜서 본다. 그리하여 본문에 나오는 '사람'을 '인간 일반'으로 추상화시켜 이해한다. 그러나 27절은 전체 문맥context 속에서 그 의미를 찾아야 할 것이다. 안식일 논쟁의 전체 문맥은 무엇인가? 제자들이 안식일에 밀밭 사이를 지나가다가 밀 이삭을 자른 것이다. 왜 밀 이삭을 자르기 시작했는가? 마태는 제자들이 배가 고파서라고 한다. 마태복음에서는 그 이유를 분명히 밝힌다. 제자들이 '굶주려서epeinasa라는 것이다(마12:1). 마태는 제자들이 굶주린 배를 채우기 위하여 밀 이삭을 자른 행위는 결코 안식일 법에 위반되지 않는다고 한다. 왜 그런가? 안식일에 성전에서 사제들이 안식일 규정을 어겨도 죄가 되지 않는다고 율법에 기록되어 있고, 하나님께서 원하는 것은 안식일에 제사를 드리는 것보다 이웃에게 자비를 베푸는 것이 낫기 때문이라는 것이다. 마태에서 안식일 논쟁의 핵은 마가와 달리 안식일 자체에 대한 비판에 있지 않다. 이웃에게 자비를 베푸는 가난한 사람들과의 연대에 있다.

물론 안식일 규정을 철저하게 지키려고 하는 바리사이파 사람들의 준법정신, 그 자체가 잘못된 것은 아니다. 어느 공동체나 사회이든 간에 그 사회가 유지되기 위해서는 계율이 있어야 한다. 그러나 그

계율의 세부조항 하나하나를 지키려고 지나치게 집착하다보면, 그것을 만들게 된 본래의 뜻과 정신을 놓치게 되는 경우가 나타난다.

안식일 제도는 본래 이스라엘이 가나안에 이주했을 초기 농경문화에 기원을 두고 있는 것으로 보이는데, 그들이 바빌론 포로생활에서 귀환한 후 제2 성전기에 이르러 유대인의 생활 법규로 정착되었다. 예수시대에는 율법생활화 운동의 일환으로 39개에 이르는 안식일 법규와 150개의 세부조항들이 만들어졌다. 유대인들은 안식일을 거룩하게 지키려는 열심이 지나쳐 율법조항 하나하나에 매이게 되었고, 그래서 안식일법의 기본정신을 잃어버리게 되었다.

사람의 생명을 살리기 위하여 제정된 안식일법의 기본정신이 거꾸로 사람을 얽매이게 하고 생명을 죽이는 데 이용되는 법망으로 둔갑하게 된 것이다. 마가복음 3장 1절 이하에 보면 예수께서 손 마른 사람을 고치는 장면이 나온다. 예수는 손 마른 사람을 앞에 불러 세우고, 많은 사람이 보는 앞에서 고쳐준다. "안식일에 선을 행하는 것과 악을 행하는 것, 생명을 구하는 것과 죽이는 것, 어느 것이 옳으냐?" 안식일의 기본정신과 법규가 충돌했을 때 어느 쪽을 선택해야 하는가? 예수는 안식일법의 형식논리를 혁파하고 안식일의 기본정신을 되살렸다.

"안식일이 사람을 위해서 존재하는 것이지, 사람이 안식일을 위해서 존재하는 것이 아니다." 본문에서 사람은 누구인가? 밀 이삭을 잘라 먹을 정도로 배고픈 사람, 손이 오그라들어 평생을 고통 속에서 살아야 하는 장애인을 가리킨다. 유적類的존재로서의 추상적인 사람 일반을 가리키는 것이 아니라, 사회의 변두리에서 소외된 채로 살아가는 '가난한 사람들'을 지칭하고 있음이 분명하다. 가난한 사람들은 그 자체가 수단이 될 수 없고 목적이라는 선언이다. 그 어떤 화려한 교리나 시장경제논리, 국가안보 논리라 할지라도, 그런 것들이 가난한 사람들의 빈곤문제를 해결하고 그들의 생명을 살리는 일보다 우선할 수 없다는 선언이다.

전체 문맥과의 연관성 속에서 27절은 다음과 같은 번역이 가능할 것이다. "안식일이 극빈자들을 위해서 존재하는 것이지, 극빈자들이 안식일을 위해서 존재하는 것이 아니다." 예수의 안식일 선언은 '가난한 사람들에 의한by the poor' '가난한 사람들을 위한for the poor' '가난한 사람들의of the poor' 인권선언人權宣言이 아닐 수 없다. 이 말씀은 갈릴리 민중의 인권해방선언임을 알 수 있다.

노자의 인권선언

노자는 정치철학의 이상을 "허기심虛其心, 실기복實其腹; 약기지弱其志, 강기골强其骨"에서 찾는다(도덕경 3장). 백성으로 하여금 그 마음을 비워 배를 채워주고, 뜻을 부드럽게 하여 뼈를 강하게 해주라는 것이다. 불행한 소크라테스가 행복한 돼지보다 낫다는 것이 우리 사회의 도덕적 통념이다. 그러나 노자는 이러한 통념을 깨게 만들어 준다. 소크라테스의 불행이 과연 우리 모두에게 유익한 것인가를 반성하게 만든다. 인간은 머리로 사는 것이 아니라 배로 산다. 훌륭한 정치가는 누구인가? 배고픈 사람들의 배를 채워 주어 배고픈 사람을 없게 하는 것이요, 허약한 사람들을 건강하게 해주어 병으로 고통당하는 사람을 없게 하는 것이다. 물론 백성으로 하여금 배나 채우게 하고 육체만 건강하게 하는 것이 노자가 생각한 이상정치는 아닐 것이

다. 그러나 백성의 '밥 문제'를 도외시한 어떤 곳에서도 이상理想정치
는 실현될 수 없을 것이다.

　석가모니 붓다의 탄생을 둘러싼 많은 설화들이 있다. 마야부인이
임신을 하여 산달이 가까워지자 친정나라인 데바하다에 가서 아기를
낳으려고 가는 길에 무우수無憂樹 나무 동산에 이르게 된다. 그곳에
서 잠시 쉬는 동안 마야부인은 갑자기 산기産氣가 느껴져 분만을 하
게 되는데, 옆구리에서 태어난 아기는 홀로 걸어서 일곱 발자국을 걷
는다. 그리고 한 손으로 하늘을 다른 한 손으로 땅을 가리키며, "천
상천하유아독존天上天下唯我獨尊, 삼계개고아당안지三界皆苦我當安之"
라고 사자후를 발한다. 유아독존에서 아我atman는 석가모니의 개체
적 자아를 지칭한다기보다는 보편적 자아, 곧 생명을 가진 모든 중생
을 가리킨다. "세상에 있는 모든 생명체는 오로지 그 자체로서 존귀
함을 지니고 있다. 모든 중생이 고통 속에서 헤매고 있으니 내가(중생
이) 기필코 이를(스스로를) 구원할 것이다." 불교의 생명 존귀사상을
엿볼 수 있는 석가모니의 출생설화이다.

　"안식일이 사람을 위해서 존재한다"는 예수의 말씀이 갈릴리 민중
의 인권해방 선언에 해당한다면, 석가모니의 사자후 "천상천하유아
독존"은 고통 속에 있는 뭇 생명의 인권해방 선언에 해당한다. 노자
가 말한 "허기심, 실기복; 약기지, 강기골"은 가난한 민초民草들의 인
권해방선언에 해당한다.

기독교 정체성의 근거

　기독교는 예수를 하나님의 아들 그리스도로 고백하고 예배하는

공동체이다. 신적 그리스도는 역사적 실존 인물 예수 이상일 수 있으나, 그렇다고 해서 역사적 예수를 축소시킬 수 없다(Christ is more than Jesus, but not less than Jesus).

한국교회의 위기는 무엇인가? 정체성正體性 상실의 위기이다. 교회 정체성의 근거는 무엇인가? 역사적 예수의 삶과 가르침의 부재가 한국교회의 정체성 상실을 가져왔다. 교회는 어떤 형식으로든지 역사적 예수와 연결되어 있어야 정체성을 유지할 수 있다. 교회가 아무리 크고 대형화 된다 하더라도 예수의 삶이나 가르침과 단절되어 있다면, 그것은 하나의 종교를 빙자한 기업이지 예수 그리스도의 교회는 될 수 없다. 기업은 자본과 이윤 논리에 따라 움직이지만, 교회는 '이웃을 네 몸과 같이 사랑하라'는 예수의 삶과 가르침, 곧 사랑과 헌신의 논리에 따라 움직여야 한다.

누가복음은 예수의 등장을 소외된 갈릴리 민중의 인권해방 지평에서 다음과 같이 보도한다. "주의 영이 나에게 내리셨다. 주께서 나에게 기름을 부으신 것은 극빈자들에게 기쁜 소식을 알려주기 위함이다. 주께서 나를 파견하시어 갇힌 사람들에게 해방의 소식을 알려주고 시각 장애인을 볼 수 있게 하였다. 학대받는 사람들을 자유롭게 하고 주의 은총의 해를 외치게 하였다."(눅4:18-19) 초대교회의 예수어록(Q) 공동체도 예수의 하나님나라 운동을 소외된 민중의 인권해방 소식과 결부시켜 전한다. "시각 장애인이 보게 되고 다리 불구자가 걸으며, 문둥병자가 깨끗하게 되고 청각 장애인이 들으며, 죽은 사람이 살아나고 극빈자들이 구원의 소식을 듣게 된다."(Q7:22)

로고스 찬가

요한복음의 서문에 해당하는 1장 1-18절을 "로고스 찬가Logos Hymnus"라고 한다. '말씀'으로 번역된 '로고스'가 주제로 다루어지고 있기 때문이다. 흥미로운 것은 이 로고스가 다른 곳에서는 찾아볼 수 없고 오직 이 서문에만 등장한다는 점이다. "로고스 찬가"는 요한복음 전체의 신학을 이해하는데 중요한 열쇠가 된다. 로고스는 창조의 매개자요, 구원의 매개자이며, 동시에 육이 되신 분이라는 것이 그 골자이다.

예수가 태어나기 400년 전 그리스 아테네에 플라톤이라는 철학자가 살았다. 그리스 신화에서 볼 수 있듯이, 당시 아테네 시민들의 의식은 신들과 영웅들의 이야기인 신화들에 의해서 주도되었다. 호머Homer의 작품들인 오디세이Odyssey와 일리아드Iliad에 등장하는 신과 영웅들의 이야기는 그 시대 그리스인들의 정신풍토를 잘 반영해주고 있다.

그리스 사회에는 신화에 등장하는 신들을 흉내내거나, 아니면 마치 자기가 신이나 된 것처럼 행동하고 예언하는 무리들이 적지 않았다. 이들의 행동은 아테네 시민들의 건전한 시민의식을 마비시켰을 뿐만 아니라, 그 사회를 분열시켰다. 이러한 아테네 시민사회의 아노미anomy 현상을 플라톤은 신화의 가치나 전통들이 사회를 지배하고 있기 때문이라고 진단했다. 신화가 지배하게 될 때 그 사회는 이성과 합리성을 잃게 되고, 혼돈과 무질서에 빠져들게 된다는 것이다. 플라톤이 꿈꾸었던 이상적인 사회는 무엇이었는가? 로고스logos에 의해서 뮈토스mythos가 통제되는 사회였다. 이성에 의해서 신화가 통제되어야 그 사회가 질서를 회복하고 건강하게 된다는 것이다. 그런 의미에서 플라톤은 다름 아닌 철학자가 정치를 해야 한다고 역설했다.

플라톤의 로고스 사상

이러한 플라톤의 로고스 사상은 요한복음의 로고스 기독론 형성에 적지 않은 영향을 끼친 것으로 보인다. 예수보다 20년 정도 앞서 출생한 디아스포라 출신 철학자인 알렉산드리아의 필로Philo는 히브리 사상을 희랍사람들에게 번역하고 소개하는 일을 필생의 과업으로 삼았다. 그는 히브리 성서에서 하나님의 창조사역에 참여했던 호크마, 곧 소피아sophia에 상응하는 개념으로 희랍어의 로고스logos로 선택하여 번역하였다. 요한복음 저자는 플라톤과 필로로 이어지는 희랍사상의 보편적 개념인 로고스를 나사렛 예수가 하나님의 아들 그리스도임을 증명하는 하나의 방편으로 사용하였다.

‘로고스logos’는 원래 ‘말하다’를 뜻하는 희랍어 동사형인 ‘레게인legein’의 명사형이다. 인간이 동물과 구별되는 점은 어디에서 발견되는가? 말을 한다는 점에서다. 말은 무엇인가? 말은 길(道)이다. 일종의 언로言路요, 소통communication 도구이다. 내 생각을 상대방에게 전달할 때 말이 필요하다. 생각하는 바가 서로 소통이 되려면, 말이 이성적이고 합리적이어야 한다. 말씀(로고스)은 곧 이성이고 합리성이다. 중국어 성서에는 "태초에 도가 있었다(太初有道)"(요1:1), "도가 육이 되었다(道成肉身)(요1:14)"로 번역되었다. "태초유도도성육신太初有道道成肉身"이야말로 기독교 복음의 핵核이다. 요한복음 저자는 그들이 믿고 따르는 나사렛 예수가 바로 이 로고스의 화신化身이라고 선포하였다. 우리가 신앙하는 나사렛 예수가 다름 아닌 육sarks이 된 로고스logos인데, 그분은 하나님의 창조사역에 동참하신 분이며 그를 믿는 자에게 하나님의 자녀가 되는 특권을 부여하신 분이라는 것이다.

요한복음과 영지주의

요한복음이 최종적으로 편집된 시기는 언제인가? 기원후 100년경이다. 영지주의가 기독교 안에서 세력을 뻗어가던 시기였다. 영지주의자들에게 하나님의 아들 예수는 육이 아니라 순수 영적인 존재였다. 하나님의 아들은 순수한 영적 존재이기 때문에 몸을 가질 수 없다는 것이 그들의 생각이었다. 인간의 모든 희노애락애오욕은 바로 몸을 가졌기 때문에 생기게 된다. 몸이 없다면, 인간은 고통을 당할 수 없고 죽을 수도 없을 것이다. 예수의 고난과 십자가 사건도 그들에게는 실제로 일어난 사건이 아니라, 단지 '~처럼' 보였을 뿐인 가현사건假顯事件에 불과했다. 영지주의자들은 인간으로 오신 하나님의 아들을 거부하고, 예수사건을 몸이 없는 순수 영의 세계에서 일어난 일종의 신화神話로 만들어버렸다.

예수사건의 신화화 작업은 기독교 신앙의 정체성을 위협했을 뿐만 아니라, 공동체의 분열을 부추겼다. 이러한 위기에 직면하여 요한 교회공동체는 영지주의자들의 주장에 대항하여 사활을 건 싸움을 하지 않으면 안 되었다. 요한복음 서문의 "로고스 기독론"은 바로 이런 위기상황에서 나오게 된 중요한 신학선언이다.

육이 된 로고스

요한복음 1장 14절에서는 "말씀이 육이 되어 우리 가운데 살았다*kai ho logos sarks egeneto kai eskenosen en hemin*"고 선언한다. '에게네토'는 '기노마이*ginomai*'의 단순과거 완료형인데, 독일어의 'werden,' 영어의 'become' 또는 'come into being'에 해당한다. 하나님의 아들 예수사건은 단지 "~처럼 보인" 허깨비 사건이 아니라, 실제로 우리 가운데 일어난 몸 사건이며 역사적 사건이라는 것이다. **"태초부터 있는 생명의 말씀*logos tes zoes*에 관하여는 우리가 귀로 들은 바요, (눈으로) 본 바요, 주목하고 우리 손으로 만진 바라."**(요일1:1) 예수사건은 신화가 아니라, 로고스가 육이 되어서 우리 가운데 살았던 사건이요, 우리가 직접 눈으로 보고 귀로 듣고 손으로 만진 사건이다. 예수사건은 몸 사건이요 이성 사건이라는 것이다. 요한복음 저자는 기독교 신앙에 있어서 로고스*logos*가 뮈토스*mythos* 위에 있어야 하고, 이성理性이 신화神話를 통제해야 한다고 보았다. 예수사건을 이성으로 깨닫고, 이성으로 믿고 이성으로 따를 때, 신앙이 바르게 설 수 있다는 것이다. 기독교는 발이 허공에 떠 있어서는 안 되고, 발을 땅에 딛고 서서, 머리를 하늘로 향하는 성육신*incarnation*사건에 근거해야 한다는 것이다.

영지주의자들이 땅과 무관한 하늘 이야기를 하고 있다면, 요한교회는 땅에 묻힌 하늘, 땅이 된 하늘 이야기를 한다. 땅과 하늘은 하나가 아니지만, 그렇다고 둘도 아님을 증언하는 것이 성육신 신앙이다.

요한일서를 기록한 장로요한은 예수사건을 신화로 만든 영지주의자들을 향하여 적敵그리스도라고 비난한다: "**하나님의 영은 이것으로 알지니 곧 예수 그리스도께서 육체로 오신 것을 시인하는 영마다 하나님께 속한 것이요, 예수를 시인하지 아니하는 영마다 하나님께 속한 것이 아니니, 이것이 곧 적그리스도의 영이니라 …**"(요일4:2-3) 하나님께 속한 영인지 아닌지를 분별할 수 있는 잣대로 무엇이 제시되고 있는가? 예수가 육체로 온 것을 시인하는가, 그렇지 아니 한가에 달려있다는 것이다.

"내 마음이 네 마음이다吾心卽汝心"

예수사건을 신화가 아니라 '역사적 이성'으로 파악한 요한교회의 성육신 사상은 동학에서도 비슷한 예를 찾아볼 수 있다. 동학은 수운 최제우에게서 시작된다. 그는 1824년 경주에서 몰락한 유학자 최옥의 아들로 태어나 어릴 적부터 유교를 체계적으로 학습하였다. 17세에 부친을 여읜 수운은 19세에 울산 박씨와 결혼하였는데, 이듬해 집에 불이 나서 가세가 기울게 되자 20세쯤 집을 떠나 14년간 조선 팔도를 주유周遊한다. 그 후 떠돌이 생활을 접고 고향인 경주 용담으로 돌아와 오두막집에서 칩거하며 도를 닦는데 전념하게 된다. 그런데 어느 날 수운이 기도하던 중 갑자기 몸이 떨리고 이상한 소리가 들리는 것이 아닌가! 그가 마음을 가다듬고 "넌 누구냐"하고 물었다. 하늘에서 소리가 들렸다. "**내 마음이 곧 너의 마음이라, 인간들이 이것**

을 어찌 알겠느냐"(吾心卽汝心, 人何知之). 하늘의 마음이 곧 사람의 마음이
요, 하늘님의 마음과 사람의 마음이 다르지 않다는 것을 깨친 순간 수
운은 득도得道하게 된다. 그의 나이 36세 되던 해인 1860년 4월 5일에
생긴 일이다.

하늘과 땅, 하늘님과 사람이 따로 있는 것이 아니라, 서로 어울려
소통communication하는 존재라는 깨달음에서 동학이 시작된 것이다.
1년이라는 칩거기간을 거쳐 수운은 자신의 득도체험을 사람들에게
포교하기 시작하였다. 많은 사람이 그에게 몰려들어 제자가 되었다.
그 중에는 용담골 건너 마을 검등골에 사는 최경상1827~1898이라는
일자무식쟁이가 있었다. 그 분이 후에 동학의 제2대 교주가 된 해월
海月 최시형이다.

바울의 생업이 텐트를 만드는 '텐트 메이커tent maker'였다면, 해월
의 생업은 멍석을 짜는 '스트로 매트 메이커straw mat-maker'였다. 바
울이 그랬던 것처럼, 해월은 새끼를 꼬아 멍석 만드는 일을 생업으로
삼고 관군을 피하여 전국을 돌며 접주接主조직을 만들어 나갔다. 그
는 항상 새끼 꼬는 일을 손에서 놓지 않았는데, 꼴 새끼가 없으면 풀
어서 다시 꼬았다. 이를 본 제자들이 왜 그러느냐고 물으면, "하늘님
은 쉬는 법이 없는데(至誠無息『중용』26장), 내가 어찌 쉬겠는가"라고
대답하였다. 해월의 노동하는 하나님 표상은 요한복음에도 등장한
다. 예수께서 안식일에 중풍병자를 고쳤다. 그러자 유대 지도층은 예
수에게 왜 안식일법을 범하는가 따져 물었다. 예수께서 그들에게 대답
했다. "내 아버지께서 이제까지 일하시니, 나도 일한다"(요5:17). 하나
님께서 일하시니 나도 일한다는 예수의 선언은, 하늘님은 쉬는 법이

없다는 해월사상과 공명共鳴한다.

수운의 설법을 듣고 그의 제자가 된 사람 중 수련하면서 21자 주문(至氣今至願爲大降 侍天主造化定 永世不忘萬事知)을 외우는 가운데 '하늘의 소리天語,' 곧 방언을 받는 사람이 적지 않았다. 입신의 경지에 들어서 방언을 하며 천어를 들었다고 하는 제자들은 이를 자랑하고 다녔다. 해월도 천어를 들어보려고 애를 썼다. 그러나 허사였다. 그는 스승을 찾아가 물었다. "어떻게 해야 천어를 들을 수 있습니까?" "두문불출하고 한 자리에 앉아 수심정기守心正氣하여 주문을 계속 외워보게." 수운의 대답이었다.

많은 무리가 모여들자 예수께서 자리를 피하셨듯이, 소문을 듣고 전국각지에서 사람들이 몰려들자 수운은 아무도 모르게 몸을 피하였다. 전라도 남원 근처 교룡산성의 선국사善國寺라는 절로 피신하여, 은적암(밀덕암)이라는 암자를 빌려 그곳에서 5개월 동안 피신생활(1862년 1월~6월)을 했다. 『동경대전東經大全』이 이때 쓰인 작품이다.

수운이 잠적한 후 해월은 천어를 듣기 위해 화전리 꼭대기에 앉아서 한겨울 두어 달 동안 거적을 쳐놓고 밤낮없이 수련정진하며 주문을 외웠다. 그러나 헛일이었다. 그 어떠한 천어도 들리지 않았다. 답답한 나머지 해월은 동짓달 한밤중에 발가벗고 개울에 풍덩 들어갔다. 그런데 그 순간 하늘에서 한 소리가 들리는 것이 아닌가! "찬물에 급히 뛰어들면 몸에 해로우니라."

그 이듬해 여름이 되자, 전라도 남원으로 몸을 피했던 수운은 아무도 몰래 경주로 돌아와 박대여라는 사람 집에 머물고 있었다. 스승을 생각하는 마음이 극진했던 해월이 어느 날 우연히 그 집에 가고 싶은 마음이 생겼다. 그래 갔더니 뜻밖에 스승이 계신 것이 아닌가. 절을 올린 다음 자리에 앉자마자 수운이 그에게 물었다. "그래, 자네는 그동안 하늘님의 소리를 들었는가?" "예, 듣긴 들은 것 같은데, 잘 모르겠습니다. '찬물에 들어가면 몸에 해롭다'는 소리를 들었습니다." "언제쯤인가?" "동짓달 어느 날입니다." "몇 시쯤이었는가?" "새벽 한 시쯤이었습니다." 그 말을 듣자 수운을 무릎을 탁 치며, "옳다. 내가 그 날 그 시에 그 말을 했느니라. 추운 겨울 한밤중에 도인들이 수련한답시고 밖에서 찬물 끼얹는 소리가 들리기에 문을 열고 큰 소리로 '급히 찬물을 끼얹으면 몸에 해로우니라'(『동경대전』「수덕문修德文」) 하고 외쳤다. 그때 그 소리를 네가 들었구나."

수심정기守心正氣하면, 곧 마음을 지극히 가다듬고 기운을 바르게 하면, 시공을 초월하여 마음과 마음이 서로 통하게 된다는 것이다. 그리하여 수운의 소리가 해월에게까지 들린 것이다.

해월이 들었다는 하늘의 소리는 무엇인가? '갑작스레 찬물에 들어가면 몸에 해롭다.'는 것이다. 해월은 특수한 신비체험 속에서 천어(방언)를 들은 것이 아니라, 일상적인 삶 속에서 하늘의 소리를 들었던 것이다. 그에게는 내면에서 들려오는 이성의 소리와 하늘의 소리가 결코 둘이 아니었다.

해월의 이러한 이성적인 하늘님 체험은 세상만물이 하늘을 모시고 있으니 서로를 하늘님처럼 섬겨야한다는 사인여천事人如天 사상이나, 우리 안에 모시고 있는 하늘을 배양하여 길러야 한다는 양천주養天主 사상에 이르러 더욱 확대된다. 모든 식물에 하늘이 스며 있으니 식사食事는 곧 하늘이 하늘을 먹는 이천식천以天食天 사건이요, 그런 의미에서 모든 식사는 성찬 예배가 되어야 한다. 해월의 이러한 이성적인 하늘님 체험은 '경천敬天 - 경인敬人 - 경물敬物'로 이어지는 '삼경사상'으로 발전하여 동학의 역동적인 생태실천윤리로 자리를 잡아간다. 해월에게서 성聖과 속俗은 단절된 세계가 아니라, 서로 소통되는 하나의 세계가 존재할 뿐이다. 성 속에 속이 있고, 속 가운데 성이 있다(oneness of cosmic life). 모든 만남이 곧 하늘님과의 만남이 된다.

요한 교회공동체는 영지주의자들처럼 예수 그리스도가 무엇이고 어떤 존재인가에 대해 관심을 갖지 않았다. 요한에게 하나님의 아들 예수는 영적 지식의 대상이 아니라 실천론적 물음의 대상이었다. 예수를 믿고 따른다는 것이 오늘 나에게 도대체 어떤 의미를 지니고 있는가, 그리스도인으로서 어떻게 살 것인가를 요한은 묻는다. 해월에게도 마찬가지다. 하늘이 무엇이고 하늘이 어떤 존재인가에 대해서는 관심이 없다. 내 안에 있는 하늘님을 모시고 기르며 산다는 것이 과연 나에게 어떤 의미를 지니며 어떻게 살아야 하는가를 묻는다.

요한 교회공동체가 역사적 이성인 예수에게서 하나님을 체험하고 있다면, 해월은 일상세계와 우주적 이성 속에서 하늘님을 체험하고 있다. 하나님께서 인간이 되셨다는 요한복음의 성육신incarnation 사상이 해월의 삼경사상三敬思想에서 우주 만물로 확장되고 있음을 볼 수 있다. 요한공동체에서는 로고스와 사르크스가 둘이 아니며, 말씀과 육이 둘이 아니다. 동학에서는 하늘마음과 사람마음이 둘이 아니며, 성과 속, 남과 북이 둘이 아니다. 일체의 이분법을 넘어서 존재하는 모든 것은 둘이 아니라는 깨달음, 서로 소통하는 관계로 존재한다는 깨달음이 성육신 사상이요 삼경사상이다.

신화의 해체

신화는 인간의 지적 능력the intellect을 마비시키고, 교육을 통해서
가 아니라 마술이나 주술을 통해서 인간의 삶을 변화시키려고 한다.
신화가 부정되어서도 안 되지만, 그렇다고 해서 그것이 신앙과 삶
을 주도해서는 안 된다. 물론 신앙생활에서 이성과 상식이 모든 문제
의 해결책은 될 수는 없을 것이다. 그럼에도 불구하고 이성과 상식이
신앙을 주도해야 한다. 믿는 자에겐 능치 못함이 없다고 성서에 기록
되어 있기 때문에, 믿기만 하면 물 위를 걷고, 1 더하기 1은 100이 되
고 1000이 된다는 식의 허황된 환상을 심어주는 신화적 신앙이 아
니라, 1 더하기 1은 2라는 상식적이고 이성적인 신앙이 한국교회를
주도적으로 이끌어 가야 한다. 이성적인 신앙이 근본바탕이 되고, 그
위에 신비적인 신앙도 부정되지 않아야 한다. 이성에 의해서 신앙(신
화)이 통제되어야 한국교회가 허황된 기복신앙을 초월하여 신앙의
건강성을 회복할 수 있다.

교회가 바로 서기 위해서는 신학교육이 바로 서야 한다. 신학은 이
성이다. 오늘날 한국교회에서 몰이성적沒理性的이고 반이성적反理性的
인 신화적 신앙이 판치는 것은 신학교에서 가르치는 교수들의 책임
이 크다. 신학이 신앙(신화)을 통제하지 못하면 결국 신앙은 고삐 풀
린 망아지처럼 맹목적이 되고 공동체를 분열시킨다.

이성의 회복

독일 신학자 불트만은 복음의 탈신화화Entmythologisierung를 주창
하였다. 복음에서 신화는 부정될 수는 없지만, 이성에 의해서 절제되

고 이해되어야 한다는 뜻에서다. 어떤 사회나 공동체이든지 신화가 이성 위에 군림하게 될 때 파국으로 치닫게 마련이다. 불트만은 독일 교회의 비이성적인 신앙이 나치의 신화를 가능하게 했고, 나치의 신화는 독일뿐 아니라 유럽세계 전체를 고통으로 몰아넣었던 사실에 대하여 신학적으로 깊이 반성하는 가운데 복음의 비신화화를 주창했던 것이다.

영지주의자들은 방언이나 신비체험을 강조하면서 하나님이나 예수를 영의 세계 속에서 영적으로 체험했다. 요한 교회공동체는 일상 속에서 보고 듣고 만져본 나사렛 청년 예수에게서 하늘의 소리를 듣고 하나님을 만났던 것이다. 요한 교회공동체는 예수를 신화로서가 아니라 이성으로 만났다(바울 역시 공동체에 덕을 세우는 것은 방언이 아니라 이성이라고 말했다. 고전14:19 참조).

오늘날 한국교회의 위기상황은 어디에서 유래하는가? 신앙이 이성을 상실하고 신화로 되어가는 데서 찾을 수 있다. 복음이 복 비는 신화로 변질되고, "오직 예수만"을 외치면 안될 일도 된다는 식의 무속적인 신앙이 강조되는 데서 찾을 수 있다. 목사들은 대체로 자기의 말과 행동을 예수와 동일시하며 예수에게 순종하듯이 자기에게 순종하도록 강요하면서 신도들을 신화의 세계에 머물도록 만든다. 몰이성적이고 비합리적인 신앙을 강조하는 교회일수록 속된 말로 장사가 잘 되는 것이 오늘날 한국교회의 병든 현실이 아닌가! 이성적 신앙의 회복을 통하여 치유와 상생의 교회공동체를 이루어가야 할 것이다.

제2부
역사의 예수와 동양의 자연사상

나병환자를 고치시는 예수(막1:40~42)
렘브란트 1660, 암스테르담 왕립미술관, 개인소장, 171 × 146㎜

제6장
예수의 치료와 대체의학

메시아 비밀 담론

마가복음 저자는 그의 복음서 서두를 "[하나님의 아들] 예수 그리스도의 복음"(막1:1)으로 시작한다. "예수 그리스도의 복음*euangelion Jesu Christou*"이 여기에서 무엇을 뜻하는가는 분명하지 않지만, 히브리어 "바싸르*basar*"에 상응하는 헬라어 "유앙겔리온"은 구약성서의 지평에서 볼 때 본래 종말론적 구원에 관한 기쁜 소식을 의미한다(이사52:7).

누가는 복음서에서 '예수의 탄생' 자체를 복음으로 말하고 있는가 하면(눅2:10-14), 사도행전에서는 '예수의 이름'을 복음으로 표현하기도 한다(행8:12). 그런데 마가가 복음서 서두에서 밝히고 있는 "예수 그리스도의 복음"은 한 편으로 예수가 선포한 복음, 곧 "하나님 나라"를 뜻하며(1:14-5), 다른 한 편으로 복음은 예수에 '관한' 복음, 곧 예수 그리스도와 그의 생애 자체를 뜻하기도 한다. 마가의 저술 의도는 예수가 선포한 복음인 하나님 나라의 도래가 예수의 공생애公生涯를 통하여 어떻게 실현되는가를 보여주는데 있다. 예수의 공생애 전체가 하나님 나라의 복음으로 선포되고 있음이 틀림없다(1:16-16:18).

마가가 서두에서 밝힌 "예수 그리스도의 복음"은 이런 차원에서 양면성을 지니고 있다. 그것은 예수에 의해 선포된 복음(하나님 나라)이며, 동시에 예수에 관한 복음(공생애)을 의미한다.

예수 그리스도에 관한 복음에서 중심적인 화두話頭는 "도대체 예수가 누구냐?"에 집중되어있다. 하혈병을 앓는 여인을 치유하는 이야기(막5:25-34)도 이에 대한 답변의 성격을 갖는다. 원래 독립된 전승이었던 이 이야기는 마가 이전의 전승단계에서 야이로의 딸을 소생시키는 이야기(막5:21-23; 35-43)와 결합된 것으로 보인다. 마가는 소생蘇生 이야기와 치유治癒 이야기를 하나로 결합하여 보도함으로써, 예수가 어떤 유형의 메시아인가를 보다 드라마틱하게 증언한다.

예수가 누구인가? 이 화두는 선교에 직면한 초대교회 공동체가 답변하지 않으면 안 되는 공통의 과제였다. 사실 이 물음에 답하기 위해서 복음서들이 쓰여졌다고 해도 과언이 아니다. 마가복음서도 여기에서 예외일 수 없다.

마가는 특히 "메시아 비밀Messiasgeheimnis" 동기를 도입하여 예수의 메시아 됨을 다른 복음서들에 비해 보다 생동감 있게 증언한다. 마가는 '예수가 메시아이다'라는 초대교회의 도그마를 예수 자신에게 소급시키기를 원했다. 그러나 역사의 예수는 스스로를 메시아라고 생각한 적이 없었다는 것이다. 비非메시아적 예수는 부활 후 교회에 의해서 비로소 메시아로 고백되기에 이르렀다. 마가는 역사적 예수의 비非메시아적 자의식과 초대교회의 메시아 신앙 사이의 단절을 극복하기 위하여 메시아 비밀 동기를 고안했다는 것이다. 마가는 복음서에서 부활신앙의 시각으로 비非메시아적 예수의 생애를 재조명한다는 것이다. 복음서 전반부에서 예수의 메시아 됨이 단지 산발적으로 암시되다가(침묵명령, 제자의 몰이해), 베드로 고백(막8:29)을 기점으로 후반부에 들어서면서부터 예수의 메시아성이 점차적으로 공개된다는 것이 메시아 비밀론의 요지이다. 역사적 예수의 비非메시아성과 초대교회의 메시아 고백 사이의 간극間隙을 메우기 위한 마가의 문학적 작업이 메시아 비밀로 나타났다는 것이다.

그러면 마가는 예수를 어떤 유형의 메시아로 증언하고자 하였는가? 그 당시 유대 식민지 민중 사이에 널리 퍼져있던 메시아 운동의 흐름으로는 '정치적 메시아 운동'과 '묵시적 메시아 운동'을 들 수 있다. 비록 양자가 메시아 도래의 지평을 서로 달리하고 있지만, 그들이 모두 이스라엘의 구원과 해방을 궁극적 목표로 삼고 있다는 점에서는 동일성을 지니고 있다.

그런데 마가는 이와 같은 유대의 통속적 메시아 운동과 궤軌를 달리하면서 새로운 패러다임으로 예수 메시아 운동을 증언한다. 그는 우선 예수가 선포한 복음의 핵심을 '하나님 나라의 도래'로 요약한다(막1:15). 시간적인 범주이든 또는 공간적인 범주이든 간에, 하나님 나라가 기존의 사회정치 체제와 종교를 포함하여 기존의 가치체계 일체를 부정하는 특성을 지닌다면, 예수가 선포한 하나님 나라는 기존 사회 질서와 맞서는 것임을 알 수 있다. 하나님 나라가 기존적인 체제 일체를 부정한다는 점에서 그것은 '거대담론'의 성격을 지니고 있다.

그런데 예수는 하나님 나라를 선포하는데 그치는 것이 아니라, 메시아적 실천을 통하여 그것을 앞당긴다. 세리 및 죄인과 한 식탁에서

더불어 먹고 마시는 장면에서 볼 수 있듯이(막2:13-17), 예수의 메시아
적 실천은 '밥상공동체table fellowship'의 형성과 동시에 귀신축출 및
치유기적으로 나타나고 있다. 그것은 민중의 일상적 삶의 해방과 연
관성이 있다.

예수의 하나님 나라 '선포'가 거대담론의 성격을 띠고 있다면, 그
의 메시아적 실천은 작은 담론의 성격을 띠고 있다. 마가가 전하는
예수의 하나님나라 운동은 이스라엘 식민지 민중의 '작은 이야기
small story'를 내용으로 담은 '거대 이야기big story'임을 알 수 있다.

메시아 패러다임의 전환

이미 우리가 위에서 살펴본 바와 같이 '예수가 누구냐'에 관한 화
두를 풀기 위하여 마가가 메시아 비밀론을 도입했다는 가설은 일면
타당성이 있는 것으로 보인다. 그러나 복음서의 '토대'가 다름 아닌
마가교회의 메시아 신앙고백이라는 점을 전제하고 복음서를 읽는다
면, 사정이 달라진다. 마가는 복음서 전반부(1-8장)에서 예수의 메시
아성을 은폐하고 있는 것이 아니라, 기존적인 틀과 다른 메시아적 패
러다임을 제시하고 있다고 보아야 할 것이다. 보리빵 다섯 쪽과 물
고기 두 마리로 수천 명의 굶주린 실업자의 배를 채워주는 식사 기적
이야기(6:30-44; 8:1-10)를 비롯해서, 특히 도처에 등장하는 수많은 치유
이야기와 귀신축출 이야기들에서 볼 수 있듯이 마가는 예수의 메시
아적 실천을 주로 복음서 전반부에서 보도한다. 마가는 이스라엘 민
중이 겪고 있는 일상적 삶의 아픔을 풀어주는 '해한解恨의 메시아'로
써 예수를 소개한다고 볼 수 있을 것이다. 다시 말해 브레데의 주장

처럼 마가복음서 전반부에서는 메시아성이 은폐되고 있는 것이 아니라, 해한의 메시아 예수가 증언되고 있음을 볼 수 있다.

복음서 후반부(9-16장)에서 마가는 예수의 예루살렘 상경을 보도한다. 성전숙청, 체포, 재판, 사형판결, 십자가 처형의 모습이 마가의 치밀한 문학적 구성으로 보도된다. 예수는 곧 '수난受難의 메시아'로 소개된다. '해한의 메시아' 예수가 주로 갈릴리 지역의 민중선교와 결부되어 있다면, '수난의 메시아' 예수는 예루살렘 기득권층과 결부되어 보도된다.

그러면 마가는 어떤 동기에서 그 당시 팽배했던 유대인들의 통속적 메시아상을 거부하고, 예수를 해한과 수난의 메시아로 증언하고 있는가? 이러한 메시아적 패러다임 전환의 동기는 무엇인가?

유대전쟁

기원전 4년 헤롯 I세가 죽은 후 로마의 식민지 팔레스타인은 사분오열되어 헤롯의 아들들이 다스렸다. 정치적 지도력의 부재不在와 계속되는 기근과 흉년으로 말미암아 팔레스타인은 한마디로 사회적 아노미anomie 상태에 놓이게 되었다. 이러한 사회적 아노미 상태에서 당시 팔레스타인 방방곡곡에서는 수많은 자칭 메시아들이 등장하여 유대 식민지 민중을 압제로부터 구원하겠다고 나서며, 그들을 미혹하였다. 이러한 메시아 운동들은 역逆으로 식민지 민중의 삶을 더욱 고통 속으로 몰아넣는 결과를 초래하였다. 그 대표적인 예가 기원후 66년 갈릴리 소농小農을 중심으로 전개된 젤롯당의 대對 로마 식민지 해방전쟁이었다. 이 전쟁은 70(73)년까지 5(8)년에 걸쳐서 진행되었는데, 그동안 식민지 민중이 겪은 전쟁의 참화는 말로 형언할 수 없을 정도로 비참하였다. 결과는 젤롯당의 처절한 패배로 막을 내렸다. 예루살렘 도시의 초토화, 유대인의 자존심인 성전의 완전 파괴, 젤롯파, 사두가이파, 엣세네파를 비롯하여 여타 유대 민중운동 세력의 궤멸潰滅로 귀결되었다. 식민지 민중의 삶은 전쟁 전前에 비하여 더욱 악화되었음은 두말할 여지가 없다. 이와 같이 정치적 메시아니즘의 처참한 결과를 목격하면서, 마가는 유대 식민지 민중의 해방과 구원이 결코 정치적 차원에서 전개되는 메시아 운동으로 획득되어질 수 없다는 나름대로의 결론을 내린 것 같다. 메시아적 패러다임의 전환 배경에는 정치적 메시아니즘과 그들이 내건 유토피아의 허구성에 대한 마가 공동체의 나름대로의 철저한 신학적 반성이 깔려있을 것이다.

그러면 70년을 전후前後하여 마가 공동체가 놓인 선교상황은 어떠했는가? 마가복음서 13장에 따르면, 마가 공동체는 유대전쟁에서 임박한 종말의 징후를 감지하고 있음을 알 수 있다. 복음서 저자는 여기에서 종말에 앞서 나타날 징후들을 두 단계에 걸쳐 보도하고 있는데, 세상적 종말 징후(3-23절)와 우주적 종말 징후(24-27절)가 그것이다. 특히 마가 공동체의 선교적 상황과 관련하여 볼 때, 본문에서는 공동체가 겪어야 했던 박해상황이 주목되어야 할 것이다. 법정에 끌려가고 회당에서 매를 맞으며 총독과 임금 앞에 서게 되는 담론은 곧 마가 공동체의 선교적 상황을 반영한다(9-13절). 마가 공동체가 한 편으로 전쟁에 가담했던 유대교의 한 종파로 간주되어 로마 정치권력으로부터 박해를 받았을 뿐 아니라, 다른 한 편으로 유대교 회당 공동체로부터 박해를 받았음을 쉽게 추정할 수 있다. 이러한 '이중적 박해 현장'이 다름 아닌 마가 공동체가 놓인 '선교적 정황Sitz im Mission'이었음을 알 수 있다.

마가가 예수를 정치적 메시아나 묵시적 메시아로 증언하지 않고, 유대 식민지 민중의 해한과 수난의 메시아로 증언하고 있는 배후에는 이러한 역사적 상황이 깔려있을 것이다.

그러면 본문으로 돌아가 예수 메시아 운동의 작은 이야기small story에 해당하는 치유 기적 사화를 살펴보자.

하혈병 앓는 여인 이야기

12년 동안 하혈병을 앓고 있는 여인의 치유를 내용으로 하는 본문은 예수를 '해한解恨의 메시아'로 증언하는 대표적인 예 가운데 하나이다. 우리는 본문의 치유기적 이야기를 현대 과학적 합리성의 틀에서 읽어서는 안 되고, 그 시대 사람들의 정서를 고려하면서 읽어야 할 것이다. 당시 유대사회는 정결법淨潔法에 의해서 유지되던 사회였는데, 일반적으로 질병은 죄에 대한 하나님의 징벌로 간주되었다. 따라서 병자는 죄인으로 취급당했을 뿐만 아니라, 하혈병이나 문둥병을 앓는 사람은 특히 정결법에 의해서 엄하게 다스려졌다. 오랫동안 하혈병으로 고생하는 사람이 가정과 사회 공동체에서 과연 어떠한 대우를 받으며 살았는가 하는 것은 그들이 집회장소나 성전예배 참석까지 금지 당한 데서 가히 짐작할 수 있다.

> 여인이 월경 때도 아닌데도 오랫동안 하혈을 하거나, 월경이 더
> 오래 계속되거나 하면, 하혈하는 동안에는 월경하는 때처럼 계속
> 부정하다. 그 여인이 하혈하는 동안 누웠던 잠자리는 월경할 때

그 여인이 하혈병으로 얼마나 고통을 당하고 한恨 많은 세상을 살
아왔는가는 12년이라는 긴 세월이 입증해준다. 마가복음 5장 26절에
서 마가는 이 여인의 상태에 관해서 다음과 같이 보도한다: **“그 여자
는 여러 의사에게 보이면서, 고생도 많이 하고, 재산도 다 없앴으나, 아무
효력이 없었고, 상태는 더욱 악화되었다.”** 이 여인은 본래 병을 고치기
위하여 여러 의사를 찾아다닌 것으로 보아, 아마도 중산층에 속하는
사람이었던 것 같다. 왜냐하면 고대 세계에서는 가난한 사람은 질병
에 걸렸을 때 감히 의사를 찾아갈 엄두도 낼 수 없었기 때문이다. ‘의
사’로 번역된 헬라어 ‘이아트로스*iatros*’는 제도적인 의료행위를 하
는 의사를 지칭한다. “여러 의사로부터 많은 고통을 당하였다”는 표
현 속에서 볼 수 있듯이, 이 여인은 병을 고치기 위해서 용하다는 의
사들을 찾아다녔으나, 결국 재산만 날린 채, 병은 오히려 전에 비하
여 더 악화되어 고통을 당하였던 것 같다. 본문의 배경에는 제도적
의료행위에 대한 식민지 민중의 불신이 깔려있을 뿐만 아니라 그것
과 기적치료 사이의 긴장을 다루고 있다.

이와 같이 절망할 수밖에 없는 처지에 놓여 있을 때 그 여인은 예
수에 관한 소문을 듣는다. 예수의 치료에 대한 소문이 갈릴리 지역을
넘어 인근지방까지 널리 퍼졌던 것 같다. 그 여인은 아마도 예수가
제도적 의사와 다른 방법으로 많은 사람의 불치병을 치료한다는 소
문을 들었을 것이다. 어느 날 예수가 자기 동네를 지나간다는 소문
을 듣자, 그 여인은 자기 신분을 가린 채, 타인의 이목을 피해 예수를

에워싼 많은 군중들 틈에 끼어든다. 그녀는 오직 병이 낫겠다는 일념 —念으로 예수의 옷깃을 만진다. "내가 그의 옷에 손을 대기만 하여도 틀림없이 나으리라!"(28절)는 구절에서 그 여인의 치유에 대한 간절한 염원이 잘 나타나있다. 그 여인은 마치 주문을 외우듯이 이 말을 '입으로 되뇌이면서elegen,' 예수의 옷깃에 손을 댄다. 여기에서 반복해서 말한다는 뜻을 함유하고 있는 '엘레겐'은 자기체면이나 아니면 자기 암시적인 염원을 나타낸다. 본문에서 특히 주목되는 것은 신체적 접촉을 나타내는 동사 '합토마이haptomai'를 네 차례나 쓰고 있는 점이다. 이를 통하여 본문은 '신체적 접촉'과 '치료' 사이의 상관관계를 강조하고 있음을 알 수 있다. 부정不淨한 여인이 옷깃을 만짐으로써 예수는 부정타게 된다. 부정하게 된 예수의 신체에서 치유능력(듀나미스)이 흘러나와 부정한 여인을 치료한다. 신체접촉(합토마이)을 통하여 예수가 부정한 여인을 구원한 것은 유대교 정결법의 관행과 정면으로 대립된다.

결과는 어떻게 나타나고 있는가? "하혈의 근원이 마르고, 그 여인은 몸이 '고통으로부터apo tes mastigos' 나은 것을 느꼈다."(29절) 그 여인은 '몸soma'이 치유된 것을 감지한다. 몸의 치유는 곧 치유의 전체성을 나타낸다.

그 순간 예수는 자기 몸에서 '능력dynamis'이 빠져나가는 것을 느낀다. 그러자 그는 무리를 돌아보면서 "누가 내 옷에 손을 대었느냐?"하고 묻는다(30절). 이때 제자들은 이성적으로 대답한다. "무리가 선생님을 에워싸고 떠밀고 있는데, 누가 손을 대었느냐고 물으십니까?" 그러나 예수는 제자들의 말에 개의치 않고 그를 만진 여인을 찾으려고 두리번거린다. 더 이상 숨길 수 없음을 깨달은 그 여인이 두려워 떨면서 그 앞에 나와서 엎드려 자기에게 일어난 일을 소상히 털어놓는다. 예수께서 그녀에게 말한다: "딸아, 네 믿음이 너를 구원하였다. …"(34절) 여기에서 믿음*pistis*은 불가능을 가능케 하는 절대적 신념체계를 뜻한다. 그것은 산을 옮길만한 믿음(막11:23)에 비교된다. '구원하다'로 번역된 '세소켄*sesoken*'의 주어는 그 여인의 믿음을 알 수 있다. '믿음'에 근거한 그 여인의 만짐(합토마이)이 계기가 되어 듀나미스가 예수에게서 흘러나와 그 여인의 몸으로 흘러들어 간다. 여기에서는 치유가 예수의 의지와 무관하게 진행되고 있는 것은 특이하다. 그 여인을 보면서 예수는 "네 믿음이 너를 구원했으니 평안히 가라"고 한다(34절).

신념체계와 치유의 상관관계

21세기 과학에 있어서 패러다임 전환이 진행되고 있는 분야의 하나로 대체의학을 들 수 있다. 대체의학代替醫學은 정통의학正統醫學의 경계선상에 있는 스트레스성 만성질환, 성인병, 에이즈, 암 등 불치병 치료에서 각광을 받고 있다. 질병을 보는 시각에서 정통의학과 대체의학 사이에는 여러 편차가 있다. 암과 에이즈 등에서 보이는 정통의학의 한계를 극복하기 위한 치료법을 통틀어 대체의학Alternative Medicine이라고 부른다. 동양의 침술과 한의학은 대표적인 대체의학의 체계이다. 서양에서도 시도되고 있는 에너지 의학Energy Medicine, 전인全人치료법Holistic Treatment, 양자의학Quantum Medicine, 파동의학 Vibrational Medicine 등이 여기에 속한다고 볼 수 있다. 정통의학은 질병의 결과를 중시한다. 그것은 질병의 국부적 원인을 찾아내고, 그 원인을 제거함으로써 병을 고치려고 한다. 정통의학은 물질론적 이원론에 근거하여 질병을 치료한다. 이러한 접근방법이 세균성 질환이나 해부학적 치료에 큰 발전을 가져온 것이 사실이지만, 그것은 동시에 정통의학의 한계이기도 하다. 특히 마음과 연관된 현대인의 만성질환들에 대하여 현대 정통의학은 치료의 한계를 드러낸다. 이제는 치료에 있어서 약물에만 의존하는 시대는 지나갔다. 환경과 마음가짐 역시 치료에 중요한 역할을 한다는 사실을 깨닫기 시작하였다.

　대체의학은 신체의 유기적 전일성全一性을 강조하며, 환자의 심리상태, 영양상태, 체질, 나이 등을 고려하면서 전인적 차원에서 치료에 관심을 기울인다. 대체의학에서는 병균의 침입 자체를 질병으로 보는 것이 아니라, 인간의 신체적 균형balance이 깨어져 저항력이 떨어질 때 질병으로 나타난다고 본다. 따라서 질병은 환자의 평소 생활습관이나 마음가짐과 일정한 함수函數관계에 있다는 것이다. 대체의학은 인체를 물질적 존재라기보다 에너지적 존재로 보며, 인체를 유기적으로 연결된 균형 잡힌 존재로 본다. 대체의학에서 인체의 상태는 주위환경의 조건과 밀접하게 관련되어 있다고 본다. 질병은 몸의 균형이 깨지면서 병균에 대한 저항력이 떨어져 생기는 것이라고 생각한다. 몸과 마음은 하나이며, 마음가짐이 몸의 상태에 절대적인 영향을 미친다고 생각한다. 대체의학은 약제의 사용이나 수술, 방사선 요법 등은 최대한 억제하며, 몸의 자연치유력이 최대한 발현되도록 하며, 식생활이나 생활습관의 변화 등과 같은 전통적인 자연치료법을 중시한다. 의사와 환자 사이의 유기적 관계 또한 대체의학에서는 중요시 된다.

요즈음 암치료법에서 볼 수 있듯이, 정통의학과 대체의학 사이에는 치료방법에 있어서 현저한 견해차를 보인다. 정통의학은 암을 적敵으로 간주하고, 그것을 공격하여 제거함으로써 치료하려고 한다. 주로 암세포가 발생한 부분을 수술하여 그곳을 도려내고, 항암제를 투여하거나 방사선 치료를 하여 암세포가 다른 곳으로 전이轉移되지 않도록 한다. 이때 환자의 몸은 암세포를 죽이는 전쟁터가 되고 만다. 그러나 대체의학에서는 암을 보는 시각부터 정통의학과 다르다. 암을 균菌으로 보는 것이 아니고 일종의 세포細胞로 본다. 따라서 암세포는 공격하고 제거해야 할 적이 아니고 사랑해야 할 자기 몸의 일부라고 생각한다. 정통의학에서 암을 잘라내는 일을 대체의학은 인간의 몸을 부분적인 기계의 결합으로 보고 '유기적 전체'로 보지 못하는 소치라고 생각한다. 몸을 유기적 전체로 보기 때문에, 대체의학에서 질병의 치료는 환자의 환경, 식이요법, 마음가짐을 바꾸어 신체의 자연 치유력을 높이는 방법을 쓴다.

정통의학과 대체의학은 질병을 보는 시각이 다르니 그 치료방법 또한 다를 수밖에 없다. 그런데 주목할 것은 대체의학이 몸과 마음을 하나로 보고, 질병의 치료에 있어서 인간의 정신상태, 곧 신념체계信念體系의 중요성을 강조한다는 점이다.

요즈음 민간요법으로 각광을 받고 있는 수지침手指鍼을 예로 들어보자. 수지침은 인간의 건강상태가 그 사람의 손에 반영되어 있다는 신념체계에 근거한다. 인간의 손에는 오장육부 등 전체 몸의 부위와 연결된 상응점相應點들이 있는데, 오장육부에 이상이 생기면, 손에 있는 상응 부위에 적(積; 딱딱한 덩어리)이 생기거나, 그 부위를 눌렀을 때 통증이 온다는 것이다. 그 상응점을 찾아 침을 놓으면 질병을 치료할 수 있다는 것이 수지침학의 신념체계이다.

수지의학에 따르면 사람의 몸에는 12경락經絡이 있고, 365개 이상의 경혈經穴이 있다. 이를 통하여 온 몸에 기氣 흐르는데, 그 기가 원활하게 소통되지 못하고 막혀서 몸에 균형과 조화가 깨어지게 될 때, 저항력이 떨어져 허한 상태에서 질병이 나타나게 된다는 것이다. 따라서 수지침은 경혈을 자극하여 막힌 경락을 뚫고 기를 소통케 하여 인체의 자기조절 능력을 회복시킴으로써 질병을 고칠 수 있다고 본다.

기氣의 실체가 무엇인가에 대해서는 아직 과학적으로 밝혀진 바가 없지만, 그 작용作用에 대해서는 널리 인정되고 있다. 기는 생명의 근원인 '생체生體 에너지'의 흐름과 상관성이 있다. 문제는 우리가 손에 흐르는 기의 소통 정도를 판별하여 오장육부의 건강상태를 체크할 수 있다는 신념을 가지고 탐구하면, 결국 그럴듯한 신념체계를 발견하게 되고, 그러한 경험들이 누적되면 거기에 합당한 치료 이론을 개발할 수 있다는 것이다.

이와 같이 대체의학은 그 사람의 신념체계가 질병 치료에 일정한 역할을 한다는 믿음에서 출발한다. 사람 몸의 세포 한 개를 통하여, 그 사람 전신의 정보를 다 파악할 수 있다는 신념을 가지고, 그 관점에서 탐구하면, 그 신념을 뒷받침할만한 신념체계가 나타나게 된다. 한의韓醫에서는 이른바 체질론이라는 것이 있다. 모든 인간은 음양오행 법칙에 따라 편의상 4가지 또는 8가지 체질로 분류할 수 있는데, 각기 체질에 따라 맞는 섭생법을 생활화하면 건강을 유지할 수 있다는 것이다. 이러한 체질론은 오랜 시일에 걸쳐 한국사회에서 '집단신념'으로 자리 잡아 왔기 때문에, 일반 대중에게 호소력을 가지며, 그들의 삶에 막대한 영향력을 끼치고 있다.

요즈음 대체요법 가운데는 아침밥을 먹는 것이 건강에 좋다는 사람도 있고, 그렇지 않은 것이 좋다는 사람도 있다. 또한 아침밥을 먹음으로써 건강하게 된 사람도 만나고, 그렇지 않음으로써 건강해진 사람도 주변에서 만난다. 이와 같이 대체요법에서는 질병치료와 건강유지를 위한 실천방법에 있어서 상충되는 경우를 자주 만난다. 아리스토텔레스의 형식논리에 따르면 A는 A가 아닌 것, 곧 비非A가 될 수 없다(모순율). 다시 말하면 A는 A이고, B는 B일 수밖에 없다(동일률). 하나가 옳으면, 다른 하나는 옳지 않아야 한다. 곧 중간은 있을 수 없다(배중률. 아리스토텔레스의 형식논리는 의식적 자아인 에고ego의 제1원리라고 볼 수 있다. 이 논리는 인간의 합리적, 추상적, 개인적, 독립적, 비연속적, 비가역적, 부분적, 객관적, 과학적 사고의 근거가 되며, 좌뇌의 기능에 속한다. 이 논리는 근대의 과학기술적 세계관을 형성하는데 결정적 역할을 했다. 이에 반해서 무의식적 자아인 셀프self는 직관적, 구체적, 집단적, 상호의존적, 연속적, 가역적, 전체적, 통합적 사고를 주관하며 이것은 우뇌의 기능에 속한다. 이 영역은 형식논리에서 보면 비논리적 세계에 속한다.). 그러나 대체요법에서는 위의 예에서 볼 수 있듯이 A도 옳을 수 있고, 동시에 B도 옳을 수 있다. 이러한 애매모호성의 논리를 어떻게 설명할 수 있는가? 아마도 퍼지fuzzy이론으로 설명될 수 있을 것이다. 컴퓨터는 '그렇다(1)'와 '아니다(0)' 만을 구분하여 그 사이의 모호한 값에 대하여는 식별하지 못한다. 그러나 인간의 마음 상태에는 그럴 것 같기도 하고 동시에 그렇지 않을 것 같기도 한 애매모호성이 자리 잡고 있는데, 이를 수치

화해서 표현할 수 있도록 한 것이 퍼지이론이다.

신앙과 치유의 상관성

대체요법들 위에, 많은 사람들이 옳다고 믿는 신념이 보태어질 때, 그 요법들은 더욱 강력한 치유력을 얻게 된다. 다시 말하면 집단신념이 그 집단을 구성하고 있는 개인들의 의식구조를 지배할 뿐만 아니라, 그들의 삶의 방식과 질병치료에 있어서 일정한 영향력을 행사하게 된다.

'치료'와 '신념' 사이의 이러한 불가분의 관계성을 볼 때, 과학적이고 합리적인 치료법을 선택하는 것도 중요하지만, 정통의학이든 아니면 대체의학이든, 일단 하나의 방법을 자기가 좋아서 선택했으면 의심하지 말고 그것을 그대로 믿고 실천하는 것이 중요하다. 어떤 치료법을 선택하든지 환자, 가족, 치료자가 치유에 대한 강렬한 '염원'을 가지고 임하는 것과 그렇지 않을 경우에 차이가 있다. 병을 대하는 환자의 신념체계, 곧 병을 낫겠다는 믿음의 간절함 정도가 치료에 일정한 작용을 한다고 볼 수 있을 것이다. 염파요법에서는 의지意志와 의식意識을 가지고 목적하는 의념意念을 불러일으키면, 인간이 만물과 교류할 수 있다고 본다.

요즈음 수지침학계에서 염파念派요법이 개발되어 많은 호응을 얻고 있다. 염파念派는 "무엇을 하려는 생각을 발생시켜 목적하는 방향으로 생각의 기운을 보내는 것"을 의미한다. 그런 의미에서 기파氣派라고 부르기도 한다. 기파의 대표적 유형이 기도이다. 신앙의 대상자에게 기도하면서, 누구를 잘 되게 하기 위하여 간절한 마음으로 비는 것은 모두 염파에 속하는 행위이다. 기도의 힘은 염파의 힘을 말한다. 기도를 이용하여 각종의 난치병들을 치료하는 경우가 많다. 복음서에 의하면 염력, 곧 기도의 능력이 강한 예수는 말 한마디로써 많은 병자를 치유하였다.

이것은 환자에게 손을 대지 않고 치료하는 방법으로써 주로 시공을 초월하여 주로 먼거리에 있는 환자를 치료하는데 선호되고 있다. 치료자는 환자의 아픈 부위를 생각하면서 염력念力을 보내면, 상대방 환자가 반응을 보이고 치료효과를 얻게 된다. 염력念力 또는 염파念派란 무엇인가? 그것은 시공을 초월하여 작용하는 (신)념의 힘을 말한다. 염원念願과 염력은 서로 비례한다.

어떤 암환자가 생수 한 그릇을 떠 놓고, 이를 바라보면서 우주에 충만한 자연 치유력인 기氣가 이 생수 속에 모여 있다고 믿으며, 그러한 느낌을 가지고 그 물을 마실 때, 그러한 염력 하나만으로 암이 치료된 사례들을 동양권의 대체요법 사례들에서 많이 찾아 볼 수 있다. '마음으로 생각하는 것'은 추상적 관념 상태에 머물지 않고, 구체적인 물질로 변화되어 육체에 작용한다. 뇌가 활동하고 판단하는 사고의 결과물은 모두 물질화되어 화학반응을 일으킨다. 의념意念이란 생각하는 힘을 말한다. 내가 어떤 생각을 갖느냐에 따라서, 생각하는 방향으로 에너지는 흘러간다.

예수의 치유

이상에서 살펴본 대체의학의 치료 지평에서 성서본문을 다시 읽어 보자. 하혈병을 앓고 있는 여인이 예수의 옷깃에 손을 대기만 해도 나으리라는 '신념pistis'을 가지고 그것을 만졌을 때haptomai, 그 여인은 즉시 하혈이 멈추고 병이 나음을 스스로 느끼게 되었다고 한다. 본문은 그 여인의 '신념체계(믿음)'와 '치병' 사이에 있는 모종의 상관관계가 있음을 강력히 시사한다. 이를 증명이나 하듯이, 예수는 자기 몸에서 "(치유)능력dynamis"이 빠져 나간 것을 느낀다. 예수가 병자를 치유할 때 흔히 쓰는 "듀나미스(능력)"는 요즈음 대체의학에서 말하는 파동치료와 상관성이 있을 것이다. 대체의학적 상상력을 동원하여 해석한다면, 그 여인이 염원(믿음)을 가지고 예수의 옷깃에 손을 대었을 때(실천), 예수의 '코스모스적 파동(치유능력)'이 질병을 유발시킨 그 여인의 '카오스적 파동(질병)'을 정상화시킨 것(치유)이 아닐까?

대체의학적 시각에서 볼 때 34절은 특히 주목할 만하다. 예수께서 그 여인에게 "내가 너를 고쳤다"고 말하지 않고, "네 믿음이 너를 살렸다he pistis sou sesoken se"고 말한다. 정통의학적 치료방법과 달리 예수는 질병부위에 대한 부분적이거나 국소적局所的인 치료방법을 쓰지 않는다. 질병을 그녀의 믿음(신념체계)과 결부시켜 전체적으로 이해한다. 질병은 육체의 문제만이 아니다. 그것은 동시에 정신의 문제이기도 하다. 예수에게 있어서도 心(죄 용서)과 身(질병)은 별개가 아니라, 불이적不二的 관계에 있다. "네 믿음이 너를 살렸다"는 선언은 예수가 질병을 그녀의 마음자리와의 연관성 속에서 심신상관적心身相關的으로 보고 있음을 나타낸다. 헬라어 '소제인sozein'은 본래 통전적holistic인 건강 개념이다. 본문에서는 단순히 개일個一적 차원의 치료를 넘어서, 전일全一적 차원의 건강, 곧 '온생명'의 구원을 가리킨다. 인간을 비롯한 지구상의 모든 생물과 자연적 요소, 그리고 물리적 힘은 서로 뗄 수 없는 의존 관계를 맺고 있으며, 이 유기체적 총체는 온생명 체계를 이루고 있다. 여기에서 치료의 부분성이 아니라 전체성이 언급되고 있으며, 그 동인으로써 여인의 '믿음'을 제시하고 있다는 것은 주목할 만하다. 왜 그랬을까? 아마도 마가는 치유의 결정적인 동인動因이 오히려 그녀의 믿음pistis이라는 사실을 알리기 위해서였을 것이다. "네 믿음이 너를 살렸다." 무슨 말인가? 그것은 여인의 절대적 "신념체계believe system"가 에너지화 하여 그녀의 아픈 부위를 치료하는데 결정적으로 작용을 했다는 선언이다. 이와 같이 병자를 치료하는데 있어서 병자의 신념체계와 치유 사이의 상관성相關性을 강조하는 이야기들은 복음서 도처에서 발견된다.

복음서의 치유 이야기들

예수께서 야이로의 딸을 고치고 길을 가다가 두 사람의 시각장애인을 만난다. 그들이 뒤따라오면서 "불쌍히 여겨 달라."고 간청하자 예수가 그들에게 묻는다. "내가 이 일을 할 수 있다고 너희가 믿느냐?" 그들이 "예"하고 대답하자 예수께서 그들의 눈에 손을 대어 주시고 "너희 믿음대로 되어라"고 말하였다. 그러자 그들의 눈이 열렸다(마9:27-30). 한 번은 예수께서 예루살렘으로 올라가는 길에 어느 마을에서 나병환자 열 사람을 만난다. 그들이 소리 질러 외쳤다. "예수님, 우리를 불쌍히 여겨 주십시오!" 예수께서 그들을 보시고, 말씀하셨다. "가서 제사장들에게 너희 몸을 보여라." 그들이 가는 동안 몸이 깨끗해졌다. 그런데 그들 중 하나가 병이 나은 것을 확인하고 하나님께 영광을 돌리면서 예수께 돌아와서 엎드려 감사를 드렸다. 그러자 예수가 말한다. "일어나서 가거라. 네 믿음이 너를 구원하였다."(눅17:11-19) 중풍병자를 치료하는 장면에서도 신념체계(믿음)가 사죄赦罪와 병고침에 일정하게 작용하고 있음을 알 수 있다. 예수는 그를 메고 온 친구들의 '믿음 pistis'을 보시고 중풍병자에게 말한다: "아들아, 네 죄가 용서함을 받았다."(막2:5) 귀신들린 아이를 고치는 장면에서도 예수는 믿음의 치료의 상관관계에 대해서 말한다:"할 수 있으면이 무슨 말이냐? 믿는 사람은 모든 것을 할 수 있다."그러자 그 아이의 아버지는 아이의 질병을 고쳐달라고 말하는 것이 아니라, 큰소리로 "내가 믿습니다. 믿음 없는 나를 도와주십시오"라고 말한다(막9:23-24). 나사로 소생에 관한 이야기에서도 예수는 나사로의 동생 마르다에게 하나님의 영광을 보기 위한 조건으로 그녀의 신념체계를 요구한다:"네가 믿으면 하나님의 영광을 보게 될 것이다." 사람들이 돌을 치우자, 예수께서 말하였다. "나사로야, 나오너라!"그러자 죽은 사람이 밖으로 나왔다(요11:38-44). 이상의 본문들은 질병에서 낫겠다는 병자들의 강력한 '신념체계'가 치유에 작용할 뿐만 아니라, 죄 용서와도 일정한 상관성을 지니고 있음을 보여주는 예이다.

이러한 치유 이야기들에서는 치유에 있어서 예수의 수동적 행위와 이 여인의 능동적 행위가 대조Kontrast를 이룬다. 이를 통하여 마가는 치유에 있어서 예수의 능력보다도 오히려 그 여인의 신념체계에 더 큰 비중을 두고 있음을 알 수 있다. 예수의 치유능력(듀나미스)과 그 여인의 간절한 신념체계가 지평융합을 이루었을 때, 치유효과는 배가되어 나타난다. 예수 메시아와의 해후邂逅를 통하여 그 여인은 12년 동안 고통을 당하던 질병의 삶에서 해방될 수 있었다.

양자물리학과 인간의식

20세기 초만해도, 자연은 인간의 의지와는 무관하게 자연법칙에 따라 움직인다는 것이 과학자들의 일반적인 관념이었다. 측정의 결과가 측정자의 생각에 좌우된다는 것은 생각할 수도 없는 일이었다. 그러나 양자물리학의 발달로 실험조건이나 실험자의 의식(목표와 의도)에 따라 실험결과가 달라질 수 있다는 견해가 제기되었다. 이에 따르면 의식과 물질은 전혀 별개가 아니며, 인간의 주관(생각)과 단절된 순수한 객관성이 보장된 물질(자연)이란 존재할 수 없다. 양자역학은 인간의 의식과 별도로 존재하는 자연이란 상상할 수 없으며, 의식과 물질은 상호간에 깊은 연관성을 지니고 있음을 깨닫게 해주었다.

모든 물질을 에너지의 한 형태로 간주하는 양자물리학에서 인간의 의식에 대한 새로운 평가는 뉴톤류의 고전역학적 세계이해와는 차원을 달리 한다. 양자역학에 따르면 미시적 세계에서 관찰 대상은 관찰자의 의지에 영향을 받게 되어 있다. 따라서 관찰을 시도할 경우 그 대상은 원래 상태와 달라진다. 양자역학은 물체의 실체성reality에 회의를 품고 있으며, 물질과 의식 사이의 불가분리의 관계성을 말한다. 양자역학을 통해서 우리는 인간의 의식이 우주와 분리된 독립적인 존재가 아니라는 사실을 알게 되었다. 이러한 양자역학의 물질관은 가히 과학분야에 있어서의 토마스 쿤이 말하는 "사고체계의 전환paradigm shift"에 해당된다. 최근에는 모든 입자(물체)들은 떨어져 있어도, 서로 보이지 않는 끈으로 연결되어 있다는 초끈 이론까지 등장하였다(J. Schwarz; J. Scherk). 초끈은 질량이 없고 열려있으며, 강력한 장력張力을 지니고 있다. 이 초끈의 진동에 의해서 에너지가 생기고 질량이 생겨난다. 이와 같이 신과학 운동은 만물이 에너지 덩어리라는 전제하에서 마음과 물질을 연결하는 실마리를 찾기 시작했다.

복음서에 등장하는 치유기적 이야기들은 치유에 있어서 인간의 '신념체계'의 중요성을 새삼 깨닫게 해 주었다. 하혈병 여인을 치료하는데 있어서 예수는 무엇보다도 그 여인의 믿음(마음자리)을 중요시했다. 대체의학적 용어를 빌리면 예수는 '심신일원적心身一元的' 또는 '심신상관적心身相關的' 치료방법을 사용했다고 말해도 무방하지 않을까? 예수의 생명에너지 파동(듀나미스)과 그 여인의 절대적 '신념체계'의 파동이 지평융합地坪融合을 이루었을 때, 온생명(몸)의 치유가 일어난 것이 아닐까? 인간의 마음(믿음)과 신체는 둘이 아니다. 양자 사이의 상호의존성과, 하나도 아니요 그렇다고 둘도 아닌 부즉불이不卽不二의 인식, 그리고 그 인식에 근거한 전일적 치료방법을 대체의학은 추구한다.

인간은 전체이지 부분일 수 없다. 질병과 건강 또한 인간에게 있어서 전체이지 부분일 수 없다. 인간의 마음자리를 중요시하는 대체의학의 치료방법과 인간의 신념체계(믿음)를 중요시하는 예수의 치유방법 사이에는 아마도 상관성이 있을 것이다. 양자는 21세기 전인적 인간해방을 위한 하나의 대안이 될 수 있을 것이다.

예수의 하나님나라 운동

　1세기 팔레스타인의 갈릴리에서 전개된 예수운동의 중심에는 '하나님 나라'가 서 있다. 예수가 주축이 되어 갈릴리 민중과 더불어 펼친 하나님나라 운동은 편의상 3가지로 구분하여 생각할 수 있다. 하나님 나라 도래의 선포, 하나님 나라 실천 그리고 하나님 나라 교육이 그것이다. "하나님 나라가 가까이 왔다"는 선포는 예수 설교의 요약으로 볼 수 있다. 이 선포 속에는 사탄이 통치하는 불의와 억압의 시대가 종국을 향하여 치닫고 있으며, 이제 놀라움과 산고産苦 속에서 하나님이 통치하는 정의와 평화의 시대가 동터오고 있다는 예수의 '종말론적 시대의식'이 반영되어 있다.

　예수의 하나님나라 운동은 '하나님 나라가 가까이 왔다'는 선포만으로 그치지 않는다. 예수는 그 자신의 '메시아적 실천'을 통하여 그 나라를 앞당긴다. 귀신 축출과 치유 기적이 대표적인 예이다. 예수의 치병사화들은 단순히 치유의 목적만을 지니고 있는 것은 아니다. 그것들은 미래적 차원에 머물러있는 하나님 나라를 현재화시키는 기능을 하기도 한다. 기적사화는 하나님 나라의 징표sign이며, 동시에 하나님 나라의 선취先取다. 갈릴리 민중은 예수의 메시아적 실천을 통해서 하나님 나라가 부분적으로 그들 가운데 이루어지고 있음을 본다.

예수는 갈릴리 민중에게 임박한 하나님 나라의 종말론적 희망을 선포한다. 그는 메시아적 실천을 통하여 민중에게 하나님 나라의 생명을 제공하며, 동시에 그들에게 하나님 나라에 관해 교육한다. 예수의 가르침의 형식 가운데 가장 친밀하고 두드러진 형식은 비유*parabole*이다. 예수는 하나님 나라의 진리를 예시하기 위하여 민중이 일상생활에서 겪고 있는 사건이나 사실을 다양하게 활용한다. 이를 가리켜 비유라고 한다. 특히 예수는 자연에 나타나는 여러 현상 속에서 하나님 나라의 진리에 관한 많은 교육재료들을 찾아내고, 그것들을 이용하여 제자들을 가르친다. 예수의 비유를 통한 하나님 나라 교육은 제자들에게 종말적 자의식自意識을 고취시킨다.

신약성서에서 '비유'로 번역된 '파라볼레*parabole*'는 예수께서 사용한 아람어 '마샬*mashal*'에 대한 상응어相應語이다. 마샬은 도덕적 그리고 영적 진리를 내포하고 있는 이야기를 지칭할뿐만 아니라, 격언, 풍자, 조롱, 직유, 은유, 알레고리, 수수께끼를 포함한다.

복음서에 나타난 예수의 하나님 나라 비유를 해석하는데 있어서 중세시대로부터 19세기 말까지는 이른바 우의(알레고리)적인 해석이 유행하였다. 알레고리적 해석은 비유에 사용된 단어 하나하나를 암호로 보고, 그 암호를 해독해내는 것을 해석의 과제로 삼았다. 그러나 알레고리적 해석은 비유가 담고 있는 역사적 삶의 정황을 고려하지 않는다. 이러한 해석에서는 예수께서 말씀하신 하나님 나라에 관한 진리가 곧 하나의 암호로 간주된다.

예수의 비유를 알레고리와 구분하여 연구한 최초의 학자는 율리허A. Jülicher이다. 율리허에 따르면 비유의 언어는 암호가 아니라, 전체적으로 하나의 '상응점tertium comparationis'을 가지고 있는 직유similitude이다. 바로 그 비교점을 찾아내는 것이 해석의 과제이다. 따라서 자유주의 신학의 세례를 받은 율리허는 비유 그 자체가 윤리적 그리고 도덕적 진리를 드러내고 있으며, 그러한 비유를 설교하는 예수를 도덕교사로 간주한다. 그는 비록 역사비평적 작업은 시도하고 있지 않지만, 알레고리적 해석에서 탈피하여 비유를 역사비평적 차원에서 해석할 수 있는 길을 터 놓았다고 볼 수 있다.

그의 뒤를 이어 돋드C. H. Dodd와 예레미아스J. Jeremias는 비유를 연구하는 데 있어서 역사적 정황을 중요시하였다. 돋드는 예수의 비유를 바르게 이해하기 위해서는 20세기 청중이 아니라 1세기 예수께서 직접 비유를 말씀하셨던 그 시대로 돌아가 해석해야 할 것을 역설하였다. 그는 비유를 그것이 생산된 본래의 "삶의 정황Sitz im Leben," 곧 예수의 생애와 그 역사적 배경에서 해석할 필요가 있다고 생각하였다. 그런데 돋드는 예수의 모든 비유를 인위적으로 "실현된 종말론realized eschatology"의 입장에서 보는 한계를 지니고 있다. 예레미아스는 돋드의 연구를 더욱 발전시켜 비유에 등장하는 예수의 입에서 떨어진 "실제적 말씀ipsissima verba"을 찾으려고 노력하였다. 이들은 예수께서 비유를 말씀하신 역사적 삶의 자리를 밝혀내고, 그 자리에서 비유가 가지고 있는 본래의 의미를 찾고자 하였다.

편집비평과 함께 비유를 해석하는 방법에서도 또 하나의 다른 통찰을 얻게 되었다. 편집비평에 따르면 복음서 저자들은 단순히 예수에 관한 전승들을 수집하여 보도하는 데 머물지 않았다. 그들이 속해있는 교회 공동체 구성원들의 신앙교육을 위해 복음서 저자들은 이미 그 주관적으로 전승을 해석하고 있다는 것이다. 복음서 저자들이 서 있는 교회 공동체의 선교적 상황을 마르크젠W. Marxsen은 "제3의 삶의 정황der dritte Sitz im Leben"이라고 부른다. 따라서 그는 복음서 저자의 자리에서 비유를 이해하고 해석할 필요가 있음을 주장하였다.

최근에 들어서는 비유에 관한 구조주의적 분석이 주목받고 있다. 구조주의적 비유 해석은 언어가 사고의 구조를 결정짓는다는 전제하에, 비유 이야기의 표면에 드러나지 않고 있는 심층구조deep structure를 탐구한다. 구조주의적 성서 해석은 곧 특정한 줄거리에 나오는 장면의 미묘한 관계 또는 등장인물과 대상 사이의 기능 그리고 이야기에서 대립되는 유형을 찾아내어 그것을 분석하는 데 관심을 기울인다. 이것과 대조적인 해석 방법으로 독자 – 반응 비평reader-response criticism이 있다. 이들은 텍스트의 객관적 현실보다 독자들의 주관성에 강조점을 두고 비유를 해석한다.

자라나는 씨의 비유 해석

"자라나는 씨"에 관한 비유는 다음으로 이어지는 "겨자씨 비유"(막4:30-32)와 한 쌍을 이루고 있다. 마태와 누가는 단지 Q에서 유래된 것으로 보이는 겨자씨 비유만을 공통으로 전승하고 있다. 이로 미루어 볼 때 자라나는 씨의 비유는 본래 마가의 특수 자료 전승층에 속해 있음을 알 수 있다. 이 본문의 언어와 문장 구조는 비교적 단순하다. 두

개의 서로 다른 주어가 서로 번갈아 교체되는데, 곧 농부(26-27절) – 씨앗(27절) – 농부(27절) – 땅(28절) – 농부(29절)가 교대로 등장한다. 씨와 씨의 성장을 중심으로 농부와 땅의 역할이 상호 교체된다.

마가복음 4장 26절의 도입문은 "하나님 나라는 이런 경우와 같습니다."로 시작된다. 이 도입문은 비유의 일반적인 형식을 띠고 있으며, 하나님 나라에 관한 비유의 새로운 이야기를 준비한다. 이 비유의 배경을 형성하고 있는 지정학적 삶의 정황은 팔레스타인을 포함한 고대 근동지방의 일상적인 자연환경Milieu을 전제하고 있다. 근동지방의 관습에 따르면 하루는 당일 저녁 해질 때부터 시작되어 그 다음 날 해질녘에 끝난다. 유대인에게는 휴식을 취하는 안식과 더불어 하루가 시작된다(창1:5). 아람어의 표현에서 하루는 낮과 밤이 아니라, 밤과 낮으로 표현된다. 사람은 일어나고 자는 것이 아니라, 자고 일어난다.

거시적인 구조에서 볼 때 이 비유는 씨앗을 뿌리는 농부의 파종 행위에서 시작하여 낫을 대는 농부의 추수 행위로 끝맺는다. 그리고 그 중간에는 씨앗의 자연적인 성장 과정(싹이 돋아 열매를 내는데, 줄기, 열매, 낟알을 낸다)과 이러한 성장과정을 파악하지 못하는 농부의 무지無知가 대조를 이루고 있다. 그러면 이야기는 어떻게 전개되는가?

어떤 사람이 땅 위에 '씨앗을 뿌린다.' 그리스어 '발레인balein'은 밭이랑을 만들고 그곳에 주의 깊게 씨앗 하나하나를 심는 것이 아니다. 발레인은 정상적인 방법으로 씨를 뿌리는 행위가 아니라, 농부가 땅 위에 씨앗을 무작위無作爲로 아무렇게나 던져버리는 동작을 뜻한다. 농부는 파종을 전후하여 밭을 갈고 물을 주어 씨앗을 돌보았다는 보도가 등장하지 않는다. 맨땅 위에 씨를 뿌린 것이다. 파종 후에 농부가 한 일은 무엇인가? "밤"과 "낮" 여러 날 동안 "잠을 자고" "일어나는" 일이었다. 씨앗의 성장을 위하여 아무 일도 하지 않았다.

씨앗은 농부의 보살핌 없이도 "싹이 돋아나고," 성장한다. 그런데 농부 자신은 정작 어떻게 이런 일이 일어나는지 알지 못한다. 농부는 씨앗을 뿌리지만, 그 씨앗을 싹트게 하고 성장시키는 일은 농부의 몫이 아니다. 그것은 씨와 땅의 일이며, 자연의 신비영역에 속한다. 여기에서 '신비'는 자연의 이치를 뜻한다. 씨앗이 움트고 성장하는 과정을 농부는 알지 못한다. 농부가 할 수 있는 일은 무엇인가? 다만 씨 뿌리는 일과 추수하는 일 뿐이다.

그러면 본문에서 농부는 누구를 상징하는가? 아마도 제자들이나 교회를 상징한다고 볼 수 있다. 교회가 할 일은 무엇인가? 복음의 씨앗을 뿌리는 일이다. 농부의 손을 떠난 씨앗이 자연의 법칙에 따라 성장하듯이, 교회가 뿌린 복음의 씨앗은 하나님의 섭리에 따라 성장하여 많은 결실을 맺게 된다. 농부가 알지 못하지만 씨가 성장하듯이, 제자들이나 교회는 그들이 모르는 사이에 하나님 나라도 성장하여 결실을 맺게 된다.

그러면 어떻게 열매를 내는가? 28절을 보면 "저절로*automate*" 땅이 열매를 낸다. '아우토마테'는 인간의 인위적인 노력을 배제한다. 아우토마테의 주어는 땅이다. 땅이 씨앗의 싹을 움트게 하고, 자라게 하고, 열매를 맺게 한다. 땅이 씨 안에 들어 있는 생명력에 작용하여 싹을 틔우게 한다. 씨앗에 대한 땅의 작용이 아우토마테이다. 땅 스스로의 작용에 따라, 씨앗이 자라고 성장하여 열매를 맺는다. 아우토마태는 '농부의 도움이나 간섭 없이, 전적으로 '하나님의 능력에 의해서,' 또는 '인간의 노력 없이'로 해석이 가능하다.

땅은 씨앗이 영양분을 섭취하여 성장할 수 있는 모든 여건을 제공한다. 본문에서 씨앗에 대한 땅의 작용은 세 단계로 구분된다. 처음에 땅은 씨앗에게 흙 속에 있는 무기질을 제공하여 움을 틔우고 줄기를 낸다. 다음으로 줄기와 잎은 뿌리에서 빨아들인 영양분과 태양 에너지로 탄소동화작용을 하여 이삭을 패게 한다. 마지막 단계에서 땅은 이삭을 여물게 하고 그 속에 잘 익은 낟알이 맺히게 한다. 파종부터 추수 때까지 씨앗의 성장 과정은 세 단계를 거친다: 줄기 – 이삭 – 낟알이 그것이다. 열매가 익으면, 즉시 농부는 낫을 댄다. 추수할 때가 닥쳐왔기 때문이다. 추수는 일반적으로 심판을 의미할 수도 있고, 하나님 나라를 상징할 수도 있다.

파종과 추수가 인간의 몫이라면, 인간이 인지認知할 수 없는 이러한 단계적이고 점진적인 성장과정은 땅의 몫이다. 이 비유에서 농부의 역할은 단지 파종과 추수에 한정된다. 줄기에서 낟알까지의 성장과정은 전적으로 땅의 소관이다. 하나님 나라는 바로 이와 같다는 것이다.

비유 해석의 다양성

19세기 자유주의 신학자들은 인간의 낙관론적 입장에서 하나님 나라에 관한 예수의 비유를 해석한다. 그들에 따르면 인간의 가장 이상적이고 윤리 도덕적인 가치에 대한 상징어가 다름 아닌 하나님 나라이다. 씨앗의 성장에 주목하는 자유주의신학자들은 하나님 나라를 하나의 성장에서 찾는다. 지상에서 윤리와 도덕을 비롯한 휴머니즘의 진보와 발전, 그 자체를 그들은 하나님 나라와 동일시한다. 다른 한편으로 씨앗의 파종에 주목하는 학자들은 하나님 나라를 인간의 마음에 심겨진 신성神性이라고 본다. 그들은 한 톨의 씨알을 보면서 그 속에 미래의 거대한 나무가 잠재되어 있음을 상상한다. 이와 같이 하나님 나라가 인간의 마음 밭에 심겨지면, 그것이 자라 그 사람의 내면을 변화시켜 인격을 완성시킬 것이다.

자유주의 신학자들의 이와 같은 비유 해석 경향에 반기反旗를 든 해석의 흐름은 율리허에서 출발한다. 그는 이 비유를 해석하면서 씨앗의 추수기에 초점을 맞춘다. 율리허는 하나님 나라의 속성을 인간의 도덕과 윤리의 완성에서 찾지 않는다. 사람의 도움 없이 도래하는 하나님 나라가 그 초점이라는 것이다.

실현된 종말론realized eschatology을 주창한 돋드는 이 비유의 초점을 낫을 들고 있는 농부에서 찾는다. 예수가 하나님 나라를 선포하는 ‘지금’이야말로 곧 하나님의 종말론적 심판의 때라는 것이다. 미카엘리스W. Michaelis에 의하면, 씨앗의 성장과 추수는 전적으로 하나님의 손에 달려있다. 하나님 나라의 역사적 성장과 도래 역시 이와 같다는 것이다. 로마이어E. Lohmeyer는 이 비유에서 농부의 무위無爲와 씨를 저절로 자라게 하고 열매를 맺게 하는 땅의 작용 사이의 대립 동기에 주목한다. 이와 연장선상에서 불트만R. Bultmann은 인간의 행위와 무관하게 도래하는 하나님 나라를 이 비유의 초점으로 본다.

류어만D. Lührmann은 씨 뿌린 후 농부의 무위無爲와 씨의 성장 과정에서 대조 모티프를 찾는다. 파종 후 오랜 기다림 후에 농부에게 추수 때가 오듯이, 때가 차면 하나님 나라는 도래한다. 하나님 나라의 도래를 위하여 인간이 해야 할 일은 무엇인가? 아무 것도 없다. 이 비유에서 류어만은 로마제국의 식민지 통치에서 해방이라는 기치를 내 걸고, 하나님 나라의 도래를 앞당기려고 투쟁하는 젤롯당의 폭력적인 행위를 비판하는 동기를 찾는다. 하나님 나라는 인간의 노력의 산물도 아니고, 그 나라의 도래에 대해서 인간은 아무 것도 알 수 없다. 한 톨의 씨알에서 낟알이 가득 찬 이삭을 추수하듯이, 하나님 나라는 인간의 노력과 무관하게 기적처럼 도래한다는 것이다.

융엘E. Jüngel은 이 비유에서 자명성自明性의 동기를 찾는다. 씨를 뿌림으로써 농부는 자기 할 일을 다 한다. 이제 땅이 일을 할 차례이다. 땅은 씨앗을 성장케 한다. 줄기를 내게 하고 자라게 하며 열매를 맺게 한다. 이로써 땅은 자기가 할 일을 다 한다. 성장 과정에서 인간이 무엇인가 인위적으로 일을 하려고 했다면 그것은 무의미하다. 이제 추수하는 일은 다시 농부의 몫으로 돌아간다. 농부의 편에서 볼 때 씨앗을 뿌릴 때도 있고, 뿌린 씨앗을 수확할 때도 있다. 그것만이 아니다. 농부에게는 아무 것도 할 수 없는 때Das Nicht-Tun-Können도 있다. 농부는 비록 자기가 알지 못한다고 해서 씨앗의 성장 과정에 대하여 염려하거나 근심할 필요가 없다. 때가 되면 자연히 그렇게 될 것이기 때문이다. 하나님 나라의 특성은 무엇인가? 바로 이와 같은 '때의 자명성'이다. 융엘은 이 비유의 초점을 청중들을 온갖 염려와 근심으로부터 해방시키는 것에서 찾는다. 이와 유사한 맥락에서 슈낙켄부르그R. Schnackenburg는 농부의 태연함에서 초점을 찾는다. 농부는 추수 때가 반드시 온다는 것을 알고 있기 때문에 태연히 기다린다는 것이다.

만C. S. Mann은 이 비유가 비록 더디고 불가항력적으로 보이지만, 그럼에도 불구하고 인간들 사이에서 자라는 하나님 나라를 상징한다고 해석한다. 이와 유사한 지평에서 하나님 나라는 오래 참고 기다리는 농부를 비유한다고 보는 해석도 있다.

하나님 나라와 무위자연

이상에서 우리는 서구 신학자들의 다양한 해석의 지평을 살펴보았다. 그러면 동양사상의 관점에서 볼 때, 이 비유는 어떠한 해석 지평을 가지고 있는가?

이야기를 시작하면서 마가는 본문이 하나님 나라에 관한 비유라고 언급한다. 전체적인 문맥의 흐름에서 볼 때, 하나님 나라를 단지 이삭에 낫을 대는 추수 때나 씨앗의 성장 과정에 국한해서 해석할 이유가 없다고 본다. 농부가 씨를 뿌리고 씨앗이 줄기를 내어, 이삭이 패고 열매를 맺기까지, 곧 파종에서 추수에 이르는 "자연 생명의 전체 순환과정die ganze Zirkulationsprozeß des naturlichen Lebens"이 하나님 나라에 비유되고 있다.

본문에서는 파종과 추수에서 나타나는 농부의 인위적人爲的 위爲와 씨앗의 성장 과정에서 나타나고 있는 땅의 위무위爲無爲, 곧 무위적無爲的 위爲가 대조를 이룬다. 농부에 의해서 씨앗이 땅에 뿌려져, 싹이 움트고 줄기가 나오고 자라서 이삭을 내어 열매를 맺을 때까지 씨알의 모든 성장과정은 전적으로 자연의 질서, 곧 인간에 의해서 파악될 수 없는 무위자연無爲自然의 법칙을 따른다.

본문에서 나타난 하나님 나라의 특성은 앞서 살펴보았듯이 '아우토마테'(막4:28)로 집약된다. 헬라어 '아우토마테'에 가장 적합한 번역은 '저절로,' 또는 '스스로 그러함'인데, 이것은 노자가 말하는 '무위자연'에 가장 근접한 개념이다.

공자의 사상이 인仁으로 요약된다면, 노자의 사상은 도道에 집약되어 있다. 양자는 모두 동양 사회에서 가장 혼란기에 해당하는 춘추전국 시대에 살았던 철인哲人들이다. 공자가 인仁을 근거로 무질서한 사회의 기강을 바로잡으려고 했다면, 노자는 무위자연의 이치를 토대로 이상사회를 건설하려고 꿈꾸었다.

노자가 말하는 무위자연의 도는 무엇인가? 노자는 도덕경 전체의 총론격總論格에 해당하는 제1장에서 다음과 같이 도를 설명한다: "도를 도라 부르면 그것은 늘 그러한 도가 아니며, 이름을 이름이라 부르면 그것은 늘 그러한 이름이 아니다."(道可道非常道, 名可名非常名)

도는 노자철학의 중심 개념에 속한다. 모든 존재의 근원이며 원동력이고 인간의 인식을 초월한 실재를 노자는 도라는 개념으로 표현한다. 만물의 생성, 변화, 발전, 운행이 도의 작용이지만, 인간의 인식을 초월한다는 점에서 인간은 도의 본체本體를 파악할 수 없다. 형이상학적인 도의 본체는 무無의 성격을 지니고 있지만, 형이하학적인 도의 작용은 유有로 나타난다. 물론 노자가 말하는 무는 아무 것도 없는 것과는 다르다. 그것은 아직 모습을 드러내지 않은 잠재태 potentiality에 해당한다. 도체道體가 무無이고, 도용道用이 유有다. 도의 양면성兩面性이 노자에게는 무와 유로 표현된다.

"도를 도라고 말한다"는 것은 무엇을 뜻하는가? 늘 변하는 무형의 형인 도를 변하지 않는 인간의 생각 속에 고정시킨다는 뜻이다. 인간의 생각의 틀 속에 주입된 도(可道之道)는 본체로써의 '늘 그러한 도 常道'와 동일할 수 없는 것이다. 이 세상에 그 어떤 것도 본래적인 고유한 이름을 가진 것은 없다. 모든 이름은 인간에 의해서 인위적人爲的으로 붙여진 것이다. 따라서 이름과 사물의 실재와는 거리가 있게 마련이다. 언어와 문자 그리고 이름은 의사소통의 중요한 매체 역할을 한다. 허나 이러한 관념화는 변화를 속성으로 하는 우주 만물의 실재를 고정주착固定住着시키는 한계를 지닌다. 인간의 언어와 이름, 곧 관념이 지니는 한계를 노자는 철저하게 인식하고 있음을 알 수 있다. 그것이 곧 "도가도비상도"로 표현된 것이다.

그러면 어떻게 인간은 도(진리)를 터득할 수 있는가? 이 화두에 대한 답변으로 노자는 무위자연을 말한다. 무위는 인간의 작위에 대비되는 노자철학의 핵심 사상이다. 도덕경 제2장에서 노자는 지도자의 정치철학을 제시한다. 지도자는 "무위지사無爲之事"하고 "불언지교不言之敎"야 한다고 말한다. 무위無爲는 곧 무위無僞인데, 위僞 곧 자연지도自然之道의 흐름에 거슬리는 인위적이고 작위적인 행위를 총칭한다. 무위無爲는 아무 것도 하지 않음이 아니라, 위선적이고 독선적인 행위, 그리고 전체적 균형을 상실한 부분적인 행위를 하지 않음을 뜻한다. 무위지사는 사리사욕에 매이지 않은 공평무사公平無私한 행위를 일컫는다. 불언지교도 마찬가지다. 불언은 아무 말도 하지 않음이 아니다. 이것은 구두선口頭禪을 비판하는 말이다. 불언지교는 말만 앞세우지 아니하고 행동이 수반되는 가르침을 일컫는다.

러셀은 노자가 말하는 도의 작용을 세 가지로 요약한다. "낳되 소유하지 않고 production without possesion,”“행동하되 자기를 주장하지 않으며 action without self-assertion,”“발전하되 지배하지 않는 것 develope without domination”이 그것이다. 러셀은 소유욕과 자기 독선 그리고 억압적인 지배를 지금까지 서구사회가 추구해온 가치의 전형적인 패러다임이라고 말한다. 이러한 서구적 가치는 노자가 말하는 무위자연 사상에 정면으로 배치되는 유위 사상과 맥을 같이함을 알 수 있다. 노자는 인간 본연의 모습을 이러한 유위에서가 아니라 무위에서 찾는다.

저절로 그러함의 회복

그러면 무위란 무엇인가? 노자는 3장에서 “위무위爲無爲, 즉무불치則無不治”를 말한다. 무위無爲에서 위爲란 위僞가 사라진 순수 위爲인 것이다. 무위無爲를 위爲해야 하는 것이다. 그러할 때 다스려지지 않는 것(無不治)이 없게 된다. 노자의 무위는 함의 기피가 아니다. “어떻게 우리가 해야 하는가?”를 가르치는 적극적인 처세철학이다.

도덕경 37장에서 노자는 “도상무위道常無爲, 이무불위而無不爲”를 말한다. 도는 항상 함이 없음으로, 하지 않음이 없다. 도는 항상 무엇을 억지로 하는 일이 없지만, 결국 이루지 않는 것이 없다는 것이다. 무위는 도의 작용 방법을 말한 것이고, 무불위無不爲는 도의 작용 효과를 말한 것이다. ‘저절로 살고, 저절로 자라는 것’(自生自長)이 무위자연의 도이다.

노자는 우주 만물이 “…을 위하여 존재한다”는 소위 목적론적 사관을 전면 부정한다. 식물이 동물을 위하여 존재하는가? 동물이 인간을 위하여 존재하는가? 인간이 신을 위해서 존재하는가? 오늘날 생태계 파괴 문제는 어디에서 오는가? 이러한 목적론적 사관과 인간중심주의가 결합된 현대 기술과학 문명의 결과이다. 목적론적 가치를 개입시킬 때 인간은 자연을 대상화하게 되고, 자연을 인간을 위한 즉물적 도구로 전락시킨다. 우주 생명은 무엇을 위해서 존재하는 것이 아니다. 저절로(아우토마테) 그렇게 존재할 뿐이다. 생태 사슬eco-chain은 목적론적 의미 시스템이 아니다. 무위자연 사상은 인간의 탐욕에 근거한 목적론적 사관을 전면 부정한다. 이러한 노자의 무위자연 사상은 물론 허무주의나 염세주의와 다르다. 온 우주 생명의 지평에서 사물을 파악하려는 보다 긍정적이고 적극적인 삶의 지혜이다. 우주 생명은 "무엇을 위하여" 존재하는 것이 아니다. 그냥 스스로 그렇게 있을 뿐이다. 자연은 무엇을 위해서가 아니라, 스스로 그렇게 있음으로써 조물주의 영광을 드러낸다.

노자에게 있어서 자연은 개별적 다양성을 지닌 만물이 통일적 존재 근거를 이루는 도에 의거해서 그 무엇에도 기댐이 없이 '저절로 그러하게' 또는 '스스로 그러하게' 활동하는 역동적 과정 자체를 일컫는다. 자연은 우주 만물의 생성과 분화 과정을 존재 그 자체의 자기 원인과 자기 근거에 의해서 이루어지는 역동적 과정이다. 모든 것은 고정적 실체로 존재하는 것이 아니라, 끊임없는 생성과 변화의 역동적 방식으로 존재한다. 저절로 그러하게 생성하고 변화하는 그 자체가 바로 무위자연이다.

모든 인위적인 조작을 거부하는 위무위爲無爲는 "먼저 그 나라와 의를 구하라"(마6:33)는 예수의 말씀과 상통하는 면이 있다. 하나님 나라*basileia tou theou*와 그 의義*dikaiosyne*는 단순히 개인적 – 묵시적 종말 차원이나 사회 역사적인 차원만을 갖는 것이 아니다. 그것은 우주 생태적 차원도 가진다. 우주 생명 사이의 평화와 공존 가치는 하나님 나라 윤리와 무관할 수 없다. 하나님 나라는 인간의 작위가 종식된 위무위爲無爲의 세계이며, 모든 생명이 스스로 그러하게 존재하는 세계이다.

예수는 하나님 나라의 희망을 '저절로*automate*' 자라나는 씨알에서 보았다. 씨알이라는 생명의 인因이 땅이라는 연緣을 만날 때, 땅은 '저절로' 싹을 내고, '저절로' 줄기를 내고, '저절로' 이삭을 내고, '저절로' 열매를 낸다.

동양적 세계관에서 천지는 무엇인가? 땅이나 하늘이나 동양적 세계관에서는 기를 가리킨다. 기의 형체 있음이 땅이요, 형체 없음이 하늘이다. 형체 없음은 비존재가 아니다. 그것은 인간의 감각기관으로 파악 불가능한 존재의 또 다른 형태일 뿐이다. 형체가 없는 하늘은 불이요, 신神이고, 혼이며, 양이다. 형체를 지닌 땅은 물이요, 정精이고, 백魄이며, 음이다. 땅과 물은 생명의 질료質料며, 하늘과 불은 생명의 에너지이다. 우주 생명은 하늘과 땅, 물과 불, 음과 양의 조화요 합성체이다. 땅(물)에 햇볕(불)이 쪼일 때 기화氣化가 일어나며, 기화와 더불어 비로소 생명활동이 시작된다. 생명은 고정된 실체가 아니다. 끝없는 유동과 변화의 과정이다. 땅에 뿌려진 씨앗이 싹이 트고, 줄기를 내고, 이삭을 패고, 열매를 맺는 과정도 '저절로 그러함'의 법칙에 따른다. 땅은 끊임없이 살아 움직인다. 땅은 미생물의 보고요, 생명의 집합체이다. 땅은 만물을 분해·해체하며, 동시에 합성하고 생성한다. 만물은 땅이 없이는 존재할 수 없다. 땅은 만물이 나오고(生) 돌아가는(歸) 자리이다. 땅은 생명의 모태이며 자궁이다. 땅의 모든 생명현상은 '저절로 그러함'의 법칙에 따라 움직인다.

'저절로 그러함'은 무위적無爲的 위爲를 일컫는데, 그것은 인위人爲가 종식된 세계를 뜻한다. 노자는 자연을 명사로 사용하지 않는다. "스스로 그러하다"는 상태의 서술이 자연이다. 사람은 땅을 본받고, 땅은 하늘을 본받고, 하늘은 도를 본받고, 도는 스스로 그러함을 본받는다. 스스로 그러함이야말로 우주 생명의 법칙이요 질서이다. 스스로 그러하지 않은 것이 유위有爲요 인위人爲이다. 스스로 그러한 세계는 인간의 인식을 초월하는 궁극지사窮極之辭의 세계이며, 동시에 언어를 초월하는 말인 무칭지언無稱之言의 세계이다. 자연은 곧 상도常道의 세계이다. 스스로 그렇게 존재하는 세계, 곧 무위자연이야말로 하나님 나라와 상관성을 갖는다. 출애굽기3장에서 모세가 하나님께 이름을 묻자, "에히예 아쉘 에히예ehijeh asher ehijeh"(14절)라고 대답한다. 영어로는 "I am that I am"(*King James* Version)로 번역되어 있는데, 성서 개역본에는 "나는 스스로 있는 자니라"로, 그리고 공동번역본에는 "나는 곧 나다"로 번역되어 있다. 본래 히브리어 "에히예 아쉘 에히예"는 인간의 언어로 표상할 수 없는 신의 소리를 지칭한다. 그것은 이름을 붙일 수도 없고, 대상화할 수도 없으며, 인간의 인식을 초월하는 '스스로 그러한 존재'를 일컫는다. 이름 이전의 이름이 야훼이다.

유위有爲의 문명을 넘어서

오늘날 인간세계의 불행은 인간이 스스로 그러함, 곧 자연을 상실한 데서 연유한다. 자연 그대로에게 내어 맡기지 못하고, 인위적으로 조작하고 파헤치고 변경시킨 데서 모든 인류의 비극이 싹텄다. 그 근저에는 인간의 탐욕과 이기주의가 자리 잡고 있다.

21세기 인류 문제의 해결책은 어디에서 찾아야 하는가? 끊임없이 세계를 인위적으로 조작하고 변화시키는 데 있는가? 인간이 하늘과 땅을 조작하고, 식물과 동물을 조작하고, 심지어는 인간의 생명마저 조작하는 단계에 이르렀다. 농부는 씨를 뿌리고 열매를 거두는 것, 바로 그것이 자기소임이라는 것을 깨달았다. 인간의 한계성을 깨달은 것이다. 씨알의 생명이 어떻게 싹이 트고, 자라고, 줄기를 내어, 이삭을 패는가에 대해서는 알지 못하였다. 아니, 알려고 하지도 아니하였다. 왜 그런가? 그것은 인간의 영역을 넘어서기 때문이다. 그것은 자연과 생명의 영역이요, 신의 영역이기 때문이다. 인간은 이성理性을 도구화道具化함으로써 인간은 자기 한계성을 넘어서, 손을 대서는 안 될 자연과 생명의 본질 영역까지 자기 영역으로 만들어가고 있다. 인간이 신의 영역을 침범하고 있는 것이다. 그 결과는 무엇인가?

자연을 인위적으로 조작함으로써 과연 인간은 얼마나 더 행복해졌는가? 신자유주의와 시장경제의 세계화에서 보듯이 자본과 기술을 장악하고 있는 일부 특권층은 물질적으로 풍요를 누리고 있기는 하지만, 지구촌에서 계층, 국가, 민족간의 빈부격차는 구조적으로 심화되고 있는 실정이다. 물질적 풍요와 소비문화는 필연적으로 생태계의 파괴와 정신문화의 피폐를 가져왔다.

땅을 정복하고, 모든 생물을 다스리라고 해서(창1:28), 과연 땅과 그 위에 있는 모든 생물은 인간을 '위해서' 존재하는가? 노자는 "천지불인天地不仁"을 말한다. 천지는 어질지 않다는 것이다. 천지는 인간을 위해서 존재하는 것이 아니고, 인간의 바램이나 목적에 부응하여 인자한 모습으로 기다려주지도 아니 한다. 서구의 목적론적 사상은 중세 토마스 아퀴나스의 목적론적 신학 체계에 근거한다. 노자는 인간 중심의 소위 '목적론적teleological' 유위사관有爲史觀의 해체를 선언한다. 짐승이 풀을 먹는다고 해서 과연 식물은 동물을 '위해서' 존재한다고 보아야 하는가? 인간이 육식을 좋아한다고 해서, 과연 동물은 인간을 '위해서' 존재한다고 보아야 하는가? 자연은 인간을 '위해서' 존재하는가? 만물은 과연 신을 '위해서' 존재하는가? 생태 사슬(eco-chain)은 목적론적 의미 체계가 아니다. 만물은 '~위하여'의 존재가 아니다. '스스로 그러하게'(無爲自然) 존재할 뿐이다.

20세기 서구 물질문명은 인간의 유위有爲에 근거하고 있다. 유위有爲에 근거한 서구문명이 과연 21세기 지구촌 생명을 살리는 데 대안이 될 수 있는가? 유위문화有爲文化가 인간 삶을 양적으로 편리하게 해 줄 수는 있지만, 삶의 질이나 인간의 행복을 보장해주지는 못한다. 오히려 부메랑이 되어 자연과 인간의 생명계를 파괴한다.

이제 유위有爲적인 삶을 단斷하고 무위無爲적인 삶으로 돌아가는 길밖에 없다. 유위를 끊고, 스스로 그러함의 세계를 회복하는 길밖에 없다. 스스로 그러함의 세계는 자연의 세계요 생명의 세계이다. 우리가 이러한 생명의 이치를 따라 조화와 공존에 기초한 무위문화無爲文化를 건설할 때, 인류의 미래에는 희망이 엿보일 것이다.

20세기 인류의 가치는 무엇을 지향했는가? 무지에서 유지에로, 욕망의 비움에서 욕망의 충족에로, 빈곤에서 풍요에로, 근검생활에서 소비생활에로, 복귀에서 팽창에로, 공존에서 지배에로, 정신문명에서 물질문명에로 탈출을 시도했던 세기였다. 이제 21세기 인류는 이러한 유위적인 가치의 패러다임을 과감하게 전환하지 않으면 안 되는 중대한 전환점에 서있다. 유지에서 무지에로, 욕망을 채움에서 비움에로, 풍요함에서 검소함에로, 소비에서 근검절약에로, 팽창에서 회귀에로, 지배에서 상생相生에로, 물질문명에서 정신문명에로, 인류는 과감하게 무위에 기초한 삶의 가치와 패러다임에로 전환해야 할 때이다.

예수는 씨알생명의 특성을 '저절로'(아우토마테)에서 찾았다. 노자는 무지·무욕·무위자연의 삶을 제창하였다. 이들이 제창한 '스스로 그러한 삶'의 회복이야말로 21세기 인류를 살리고 자연을 살리는 유일한 대안이 될 것이다.

20세기 인류가 쌓아온 인위적인 물질문명을 비판한 비틀즈의 노래 가운데 "Let it be!"가 있다. "Let it be!"야말로 인위성에 바탕을 둔 현대 자본주의 물질문명을 비판하는 노자의 무위자연 사상의 현대적 부활이라고 말할 수 있다.

황금 물고기

옛날 바닷가에서 늙은 어부가 아내와 함께 살고 있었다. 어부는 나이가 많아 이제 고기를 잡을 수 없었다. 그리하여 조그마한 오두막에서 가난하게 살았다. 아내는 바가지를 잘 긁는 잔소리꾼이었다. 그래서 매일 아침이 되면 고기를 잡아올 것을 명령하면서 남편을 내쫓았다.

그날도 어부는 바다로 나가 그물을 던졌다. 그러나 그물을 끌어당기기가 힘들었다. 끌어올린 그물에는 다시마가 몇 잎 걸려 있었다. "한 번 더 해볼까?" 어부가 그물을 다시 던졌다. 이번엔 고기가 많이 잡힌 것같이 묵직했다. 그러나 겨우 작은 금색 나는 고기 한 마리였다.

그런데 그 고기가 말을 하는 것이 아닌가? 어부는 깜짝 놀랐다. "할아버지, 제발 저를 살려주세요. 죽이지 마셔요." "그래, 놔주마. 잘 가거라." 그러면서 할아버지는 그 고기를 물속에 놓아주었다. 그러자 그 고기가 고개를 물위로 쏙 내밀고 말한다. "할아버지, 고맙습니다. 무엇이든지 소원이 있으면 말해보세요. 들어드리겠습니다." "다 늙은 몸이 바라는

게 무엇이 있겠니? 괜찮다." 어부가 말하자, 금고기는 물속
으로 사라졌다.

어부는 오늘도 고기 한 마리 잡지 못하고 집으로 돌아와, 오
늘 있었던 일의 자초지종을 아내에게 이야기했다. 그러자
아내가 화를 버럭 내면서, "어쩌자고 그 물고기를 그냥 놓아
주었어요? 다 쓰러져 가는 오두막에서 빨래할 수 있는 큰 나
무통 하나 없이 이렇게 살아가는데, 바랄 게 없다니 이 양반이
정신이 있나 없나! 당장 바닷가로 나가서 큰 나무통 하나를
달라고 해요."

어부는 하는 수 없이 바닷가로 나가서 금고기를 불렀다. 금
고기가 물 위로 머리를 내밀면서, "할아버지, 무슨 부탁이
있으신가요?" "할머니가 큰 나무통이 필요하단다." "알았어요,
어서 댁으로 돌아가 보셔요." 집으로 돌아와 보니 정말 예쁘고
큰 나무통이 있었다. "여보, 나무통이 생겼으니 기쁘지?" "목
숨을 살려주었는데, 고작 이것뿐이어요? 아주 멋진 집이 있
었으면 좋겠어요. 어서 금고기한테 가서 부탁해 봐요."

어부는 다시 바다로 나가 금고기를 불러 할머니의 소원을
이야기했다. 금고기가 말했다. "알았어요. 아주 멋진 집을 드
릴게요. 어서 집으로 가보셔요." 집에 돌아와 보니, 오두막
은 온데간데없고, 그 자리에 훌륭한 집 한 채가 서 있었다.
"어떻소? 이 집이 마음에 드오?" 어부가 묻자 아내는 화를 버
럭 내면서 또 다른 것을 원했다. "목숨을 살려준 것을 생각하
면 이것도 시시해요. 내가 바라는 것은 커다란 저택이라고
요!"

어부는 하는 수 없이 금고기에게 가서 아내의 부탁을 말하

였다. "알았어요, 큰 저택과 많은 하인들 그리고 호화로운 가재도구를 드리겠어요." 어부가 돌아와 보니, 큰 저택이 서 있는 것이 아닌가? 어부는 급히 계단을 올라갔다. "이것 봐요. 지저분한 양반, 누구 허락을 받고 여길 올라와요?" 어부는 깜짝 놀랐다. 아름다운 옷차림을 하고, 많은 하인을 거느리고 있는 사람이 자기 아내가 아닌가?

"여보, 할멈. 나요!" "아니 할멈이라니. 나는 이 저택의 주인이오. 여봐라. 저 늙은이를 붙잡아 마구간 청소를 시켜라." 어부는 마구간에 갇히는 신세가 되었고, 매일 마구간 청소를 하며 지냈다.

어느 날 어부는 아내에게 불려 나갔다. "이것 봐, 거지 양반. 나는 이 나라를 다스리는 여왕이 되고 싶네. 어서 가서 금고기한테 부탁해." 어부는 어처구니가 없었다. 어부는 할 수 없이 바닷가로 나갔다. 어부는 바닷가로 가서 금고기한테 그런 부탁을 하는 것이 얼마나 괴로웠는지 모른다. 아무튼 아내는 여왕이 되었다. 어부는 아내가 있는 궁궐로 돌아가지 않고 몰래 어디론가 가버렸다. 그러나 여왕은 신하들을 시켜 어부를 잡아오게 하였다.

"여봐라. 거지 할아범. 내 말을 잘 들어라. 나는 이 나라뿐 아니라. 세상 모든 나라와 바다 속 그리고 하늘까지 다스리는 황제가 되고 싶다. 어서 가서 금고기한테 부탁하여라." 어부는 깜짝 놀라 "여보, 그것만은 부탁하지 맙시다. 이 나라의 여왕만으로도 분에 넘쳐요." "무엇이라? 내 말을 듣지 않으면 외딴 섬으로 귀양 보내 살아오지 못하게 할 것이다." "나는 늙은 몸이니 마음대로 하시오." 그러자 여왕은 화가 나서

신하들에게 명령하였다. "이 놈을 바닷가로 끌고 가서, 금고기에게 억지로라도 말하게 하라!"

바다는 사납게 파도치고 바람은 미친 듯이 윙윙거렸다. "금고기야, 금고기야." 어부는 있는 힘을 다해 금고기를 불렀다. "할아버지. 왜 그러셔요?" "할멈이 어처구니없는 부탁을 하는구나. 온 세상을 다스리는 황제가 되게 해달라는구나. 바다와 하늘까지도 다스리게 말이야." "야단났군요." 금고기는 슬픈 표정을 지으며 말을 이었다. "더 이상 부탁을 들어드릴 수 없습니다. 그냥 돌아가셔요."

어부는 맥이 풀려 되돌아왔다. 그런데 왠일인가? 궁궐은 사라지고, 그 자리에 옛 오두막이 서있는 게 아닌가?

욕망과 행복의 상관관계

러시아의 문학가 푸쉬킨이 지은 『황금 물고기』라는 동화의 줄거리이다. 가지면 가질수록 더 많이 갖고 싶어 하고, 편하면 편할수록 더 편해지려고 하는 것이 인간의 욕망인지 모른다. 인류 역사는 이 동화에 등장하는 어부의 아내처럼, 끝없는 욕망을 추구해온 역사라고 볼 수 있다.

욕망을 채움으로써 행복을 추구해온 인류역사는 그 동안 여러 단계를 거쳐, 이제 세계화, 신자유주의, 시장경제라는 지구촌 자본주의 시대에 접어들었다. 과연 21세기가 인류에게 희망을 안겨줄 것인가? 이에 대해서는 학자들 사이에서 낙관론과 비관론이 교차하고 있지만, 하여튼 미래를 예측할 수 없는 현 시점에서, 인류는 축복과 재앙의 갈림길에 서 있는 것만은 분명한 것 같다.

그 동안 2, 3백 년 동안 세계를 주도해온 서구 자본주의와 과학기술 문명은 한 편으로 인류역사의 물질적 생산력을 향상시키는 데 공헌하였을 뿐만 아니라, 다른 한 편으로 인간을 무지로부터 해방시키고, 인간을 억압해온 정치사회적 구조와 인습의 굴레로부터 자유케 하는 데 많은 기여를 했다. 물론 지금도 인간의 사회경제적 불평등 구조가 지구촌 곳곳에 도사리고 있지만, 과거에 비하면 상상을 초월할 정도로 여러 가지 여건이 개선되었음은 자타自他가 공인하는 바이다.

반면에 어두운 면도 간과되어서는 안 된다. 핵전쟁의 위협, 환경오염, 생태계 파괴, 20 대 80의 사회불평등구조, 빈부격차의 심화, 산업화로 인한 인간소외는 인류사회를 넘어 지구생태계의 존립기반을 위태롭게 하고 있다. 그 중에서도 환경오염과 생태계 파괴 문제는 가장 심각한 지경에까지 이르렀다. 인간의 욕망을 충족시켜주고 편리함을 보장해주던 과학기술이, 이제는 프랑켄스타인으로 변하여, 인간뿐만 아니라, 생태계의 존재 자체를 위협하게 된 것이다.

지금 지구촌 생태계에 불어 닥친 묵시적 재앙과 종말 분위기는 바로 인간의 무절제한 욕망 충족과 더 많은 물질을 소유함으로써 행복할 수 있다고 가르친 서구 문명의 결과이다. 욕망 충족과 물질 소유를 통해서 행복을 추구하였던 서구 문명의 영성실험靈性實驗은 이제 한계에 부딪혔다.

이러한 시점에서 인류는 과연 행복이 무엇이고, 어떻게 하면 행복할 수 있는가에 대해서 다시 한 번 진지한 성찰을 할 필요가 있다.

일반적으로 행복은 인간의 욕망 그리고 그것을 충족시키는 수단과 일정한 함수관계에 있다. 욕망을 충족시키는 수단을 많이 소유한 사람은 그렇지 못한 사람에 비하여 더 행복하다고 생각한다. 욕망 충족 수단과 행복은 정비례한다. 반면에 동일한 조건에서 욕망을 많이 가진 사람은 적게 가진 사람에 비하여 상대적으로 불행을 느낀다. 행복은 욕망 자체와는 반비례한다.

그렇다면 인간이 행복할 수 있는 방법에는 두 가지가 있는 셈이다. 욕망을 충족시키는 수단, 곧 남보다 많은 물질을 소유하는 방법이 하나이고 욕망 자체를 덜어내고, 마음을 비우는 방법이 또 다른 하나다. 적은 소유에서 자족自足할 수 있는 삶을 터득한 사람은 그렇지 못한 사람에 비하여 더 많은 행복을 느끼게 될 것이다.

이와 같이 인간이 행복을 찾는 길道에는 두 가지가 있다. '나의 밖에서 찾는 길'이 있고, '나의 안에서 찾는 길'이 있다. '나의 밖에서' 행복을 추구해온 서구문명은 지금 어디까지 가고 있는가?

동일성과 동시성의 시대

21세기를 이끌어갈 인터넷과 멀티미디어를 비롯한 정보통신과학 혁명은 종전의 시간과 공간 개념을 완전히 바꾸어 놓았다. 이제 컴퓨터를 켜고 인터넷을 연결하면, 시공을 초월하여 온 세계의 정보를 '지금 여기hic et nunc'에서 동시에 얻을 수 있게 되었다.

인터넷을 통하여 이제 세계는 동일공간과 동일시간이 지배하는 시대에 접어들었다. 동일성Einheitlichkeit과 동시성Gleichzeitigkeit이 21세기를 규정짓는 특징 가운데 하나이다. 지금까지 신神의 속성으로 여겨왔던 전지전능과 무소부재無所不在는 이제 인터넷을 통하여 인간의 속성이 되어가고 있다. 인터넷 사이트를 접속하면, 인간은 얻고 싶은 모든 정보를 얻을 수 있게 되었고, 인터넷 세계에서 더 이상 신은 설 자리를 잃게 되었다.

현대 과학기술 문명에서 생명공학Biotechnology, 특히 유전공학 Gentechnology의 발달은 신을 인간의 세계에서 완전히 추방하는 데 박차를 가하였다. 전통적인 기독교 세계관에 의하면 신은 창조주이고, 인간은 피조물이다. 따라서 인간의 생명은 전적으로 창조주의 손에 달려있다고 생각하였다. 그러나 지금 어떤가?

신의 영역으로 금기禁忌시 되었던 인간 생명이, 인간의 손에 의하여 복제되고 만들어지는 시대로 접어들었다. 2002년 12월 초에 미국, 영국, 캐나다, 일본, 스웨덴 등 5개국 연구팀은 인간의 23쌍 염색체 가운데 22번째 염색체의 유전자 지도를 완성했다. 이를 바탕으로 2003년에는 인간 염색체 23쌍 전체의 유전자 지도, 곧 '인간게놈 프로젝트'가 완성되었다.

인간복제

소나 양의 복제를 거쳐 이제 인간 복제가 실현단계에 이르렀다. 장기 농장에서 복제인간을 사육하여, 필요할 때마다, 그들을 도살하여 장기, 피, 뼈와 근육을 빼다 쓰는 시기가 멀지 않았다. 쥐의 등에서 인간의 귀가 생성되고, 인간의 몸에 컴퓨터를 이식시키는 기술이 시도되고 있다. 그렇게 되면, 인간은 늙지도 않고, 죽지도 않을 것이며, 더 이상 암 같은 불치병으로 고생할 필요도 없을 것이다.

인간 개체의 복제가 실현됨으로써, 지구상에서 '인간'이란 유類 개념은 사라질지도 모른다. 남자의 정자와 여자의 난자의 결합으로 이루어지는 유성생식有性生殖의 개념 또한 사라지게 될 것이다. 이렇게 되면 기존의 결혼관이 근본적으로 흔들릴 뿐만 아니라, 남녀 사이의 성적 구별이 큰 의미를 상실하게 될 것이다. 이와 같이 인간이 신이 되려는 욕구는 인간복제에서 현실화되어 가고 있다.

생명공학은 유전자 조작을 통해서 인류에게 부족한 식량 문제를 근본적으로 해결할 수 있다고 장담한다. 유전자 조작을 통해서 곡물 생산량이 전보다 증가한 것은 사실이다. 그렇다고 해서 지구상에 기아문제가 해결되었는가? 유전자 조작 식물이 가져오는 더 큰 문제는 생태계의 교란과 부작용이다. 유전자 조작으로 개체 식물 및 동물 사이의 경계가 해체되고, 종種의 특성이 사라질 위험이 높아지고 있다. 유전자 조작으로 생산된 콩이나 옥수수를 먹인 쥐의 간과 콩팥, 그리고 뇌가 작아지고, 병균에 대한 저항력이 현저하게 저하되어, 그렇지 않은 쥐에 비하여 사망률이 높다고 한다. 현재 유전자 조작 식물을 인간이 장기간 섭취했을 때 그 결과의 무해성無害性에 대해서는 전혀 검증이 안 된 상태이다.

‘나의 밖에서’ 행복을 추구하던 인간이 도달한 종착역이 인간복제와 유전자 조작이다. 인간 복제가 인간을 생로병사生老病死의 고통에서 해방시켜주고, 유전자 조작식물이 인류를 기아와 빈곤의 고통으로부터 해방시켜줄 것인가? 생명공학은 21세기 인류에게 과연 최대의 복음이 될 것인가?

서구문명의 영성靈性 실험의 한계상황 경험과 생태적 종말 위기에 직면하여, 이제 인류는 행복 추구의 새로운 패러다임을 찾아야 할 시점에 서 있다. ‘나의 밖에서’ ‘나의 안으로,’ ‘소유에서’ ‘무소유에로,' '욕망을 채움에서' '욕망을 비움으로,' '서양의 영성에서' '동양의 영성에로'의 인류가 추구해온 가치에 대한 근본적인 패러다임 전환이 요청된다.

그리스도 찬가

> 그분은 하나님의 모습을 지니셨으나, 하나님과 동등함을 당연하게 생각하지 않으시고, 오히려 자기를 비워서 종의 모습을 취하시고, 사람과 같이 되셨습니다. 그는 사람의 모양으로 나타나셔서, 자기를 낮추시고, 죽기까지 순종하셨으니, 곧 십자가에 죽기까지 하셨습니다. … (빌2:6-11)

빌립보서는 기원후 52년경, 바울이 제 2차 선교여행을 할 때 쓴 편지이다. 마케도니아에 위치한 빌립보는 유럽지역에 위치한 로마제국의 대표적인 식민도시 가운데 하나였다. 당시 로마 – 헬라세계는 사치와 소비, 그리고 향락 문화가 지배적이었다. 로마의 식민도시 빌립보도 예외가 아니었다. 빌립보는 '나의 밖에서' 그리고 물질을 소유함으로써 행복을 추구하는 세계관이 지배하던 곳이었다.

이곳에 바울이 복음을 들고 들어갔다. 기독교는 유일신 신앙과 윤리적 삶을 중시하였다. 그러나 주로 이방인 여성들로 구성된 빌립보 교회 성도들은 복음을 받아들인 후에도, 여전히 이전의 생활습관에 젖어 살았다. 빌립보 교회 성도들은 시기와 질투(빌1:15), 이기주의, 교만, 야심, 허영과 사치에 사로잡혀 공동체 내에서도 자기를 높이며 다른 사람을 멸시하는 풍조가 만연하였고, 자기 실속만 차리고 남의 이익은 돌보지 아니 하였다. 그리하여 교회가 하나 되지 못하고, 유오디아와 순두게라는 두 여성 지도자에 의해서 사분오열되었고, 이 것이 복음 전파에 장애요인으로 작용하였다(빌2:1-4).

로마 감옥에서 이 소식을 전해들은 바울은 빌립보 교우들에게 우리가 믿는 예수 그리스도가 어떤 분인가를 소개함으로써 교회 내에서 생긴 분열과 갈등을 해결하기 위해 편지를 썼다. 바울은 그리스도 찬가를 소개하기에 앞서 "여러분은 그리스도 예수께서 지니셨던 마음을 여러분의 마음으로 간직하십시오."라고 말한다(빌2:5). 그러면 바울이 말하는 그리스도 예수께서 지니셨던 마음은 어떤 것인가?

첫째로 그리스도 예수는 '하나님과 본질이 같은 분*morphe theou*'이었으나(2:6) 그러나 굳이 하나님과 동등한 존재가 되려고 하지 않으시고, 오히려 자기를 비워*ekenosen*, 종의 신분*morphe doulou*을 취하셔서, 우리와 똑같은 인간이 되었다는 것이다. 그는 신적 지위를 포기하고, 자기를 비웠다. 자기를 비우되 종의 모습을 취하여 인간이 되기까지 했고 자기를 낮추어 순종하되 십자가에 죽기까지 하였다는 것이다.

한 편으로 바울은 여기에서 '하나님의 신분*morphe theou*'과 '종의 신분*morphe doulou*'을 의식적意識的으로 대립시켜 사용하고 있음을 볼 수 있다. 자기 비움을 통해서 가능해지는 이러한 신분의 변화를 바울은 극단화한다. "자기를 비우되 종의 신분이 되었다"는 구절은 당시 노예제 사회제도를 반영한다. "둘로스"는 주인 또는 자유인과 대립되는 개념이다. 종은 당시 고대 노예제 사회제도 속에서 인간대우를 받지 못하던, 신분적으로 가장 낮은 계층에 속한다. 예수는 자기를 비우되 종의 모습을 취하였다고 한다. 실제로 당시 사회에서 가장 천한 노예 신분이 되었다는 것이다.

그리스도 예수께서 자기를 비운 케노시스 사건은 무엇인가? 그것은 '하나님의 신분'에서 '인간의 신분으로,' '주인의 신분'에서 '노예의 신분'으로, 곧 가장 높은 신분에서 가장 천한 신분으로, 곧 신분의 패러다임을 바꾸었다paradigm shift는 뜻이다. 케노시스*kenosis*는 '낮춤*etapeino*'이요, 동시에 '순종*hypakoe*'으로 해석된다.

다른 한 편으로 케노시스는 양量적인 빔(空)이 아니라 질質적인 빔(空)의 성격을 갖는다. 부분적 케노시스가 아니라 총체적 케노시스이다. 그리스도는 신성과 인성을 동시에 지니고 있다고 하는 양성론자兩性論者들의 주장은 본문에서 찾아볼 수 없다. 그리스도 예수께서 자기를 비워 종의 신분을 취하여 인간이 되었다. 자기를 비운다는 것은 무엇을 뜻하는가? 신적 신분의 전적인 포기와 부정을 뜻한다. 그리스도 예수는 신성을 그대로 유지하면서 인간이 된 것이 아니다. "하나님의 아들"이기를 포기하고, 인간이 된 것이다.

헬라어 "모르페"는 외형form이나 현상phenomenon뿐만이 아니라 본질과 실체를 포함하는 개념이다. 가현론자들이 주장하는 것처럼, 하나님의 아들이 본성을 그대로 유지하면서, 외형적으로 잠시 동안 인간의 모습으로 변장하여 나타난 것이 아니다.

케노시스는 하나님 아들의 '본성nature'이지 하나의 속성an attribute이 아니다. 그리스도 예수는 물리적 시간의 차원에서 '처음에' 신적 신분을 취하고 있다가, '그 다음에' 인간의 신분을 취한 것이 아니다. 그리스도 예수는 근원적으로 케노시스 안에서 참 사람이다. 자기 비움은 태초부터 하나님 아들의 본성에 속한다. 이러한 케노시스적 본성 때문에, 그리스도 예수는 하나님의 아들이 아닌 하나님의 아들이라고 말할 수 있다. 하나님 아들의 케노시스는 어디에 근거하고 있는가? 그것은 하나님의 본성인 아가페 사랑에 근거한다. 인간을 구원하시려는 하나님의 무조건적 사랑, 곧 하나님의 케노시스가 하나님 아들의 케노시스로 나타난다(요3:16).

그러면 바울은 그리스도 예수의 케노시스를 빌립보 교회의 상황 속에서 어떻게 설명하고 있는가? 그것은 자기를 낮추는 것(에타페이노)이요, 순종(후파코에)하는 것이다. 자기 낮춤과 순종의 절정으로써 그는 십자가 사건을 제시한다. 빌립보 교우들이 본받아야 할 예수의 마음은 자기 낮춤이요, 순종임을 알 수 있다. 이와 같이 케노시스를 윤리적 덕목으로 제시함으로써 바울은 빌립보 교회의 분열을 막고 그리스도 안에서 하나됨을 추구한다.

빌립보서 2장 후반부 9-11절에서 그리스도의 케노시스 사상은 반전反轉된다.

> 그러므로 하나님께서 그를 지극히 높이시고, 모든 이름 위에 뛰어난 이름을 그에게 주셨습니다. 그리하여 하나님께서 하늘과 땅 위와 땅 아래에 있는 이들 모두가 예수의 이름 앞에 무릎을 꿇게 하시고 모두가 예수 그리스도를 주님이시라고 고백하게 하셔서, 하나님 아버지께 영광을 돌리게 하셨다.(빌2:9-11)

전반부에 해당하는 6-8절에서 케노시스*kenosis*가 중심 개념이라면, 후반부에 해당하는 9-11절에서는 '후페룹소*hyperupso*'가 중심 개념으로 등장한다. 9절의 '디오'(*dio*: "바로 그 때문에")는 케노시스의 결과를 지칭하는 접속사이다. 자기 비움의 결과 그리스도 예수는 전보다 더 높은 자리로 올려졌다는 것이다: 하나님은 그에게 "모든 이름

위에 있는 이름*to onomos to hyper pan onoma*"을 선사하셨고, 그 이름 앞에서 우주 "만물이 무릎을 꿇도록 하셨으며*pan gonu kampse*," "모든 혀*pasa glossa*"가 예수 그리스도를 주*kyrios*로 고백하게 하셨다.

예수 그리스도가 자기를 낮춘 결과는 무엇인가? '높여짐'이다. 예수는 자기를 비웠다. 자기를 비움으로써 예수는 우주 만물의 구주로 높여졌다. 케노시스와 후페룹소, 낮아짐과 높여짐, 십자가와 부활은 서로가 서로를 해석한다. 양자는 예수에게 있어서 따로따로의 별개 사건이 아닌 하나의 사건이다. 하나님의 아들은 케노시스를 통해서 하나님의 아들이기를 포기했다. 하나님의 아들이기를 포기했기 때문에, 그는 진정 하나님의 아들로 높여졌다. 부정을 통한 긍정이다.

바울도 "우리가 언제나 예수의 죽으심을 몸에 지니고 다니는 것은 예수 또한 우리 몸에 드러나도록 하려는 것이다"라고 한다(고후4:10). 그리스도 예수 안에서 새로운 생명, 곧 새로운 피조물로 거듭나기 위해서는 먼저 철저한 자기 부정, 곧 자기 비움이 선행되어야 한다. "옛 나"와 "새 나" 사이에는 연속성이 없고, 질적인 비약이 있을 뿐이다. 예수의 죽음과 부활 사이에 질적인 비약이 있듯이, "그리스도 안에서의 새로운 피조물"(고후5:17)으로 거듭남은 옛 나와의 완전한 단절을 전제한다. 죽음이 부분적일 수 없듯이, 자기 부정이나 자기 비움도 부분적일 수 없다. 부정을 통해 긍정에 도달할 때 "이제 사는 것은 내가 아닙니다. 그리스도께서 내 안에 사시는 것입니다"라는 바울의 고백은 그리스도교인의 현실이 된다(갈2:20).

케노시스와 후페룹소의 이러한 변증법적 역동성Dynamics을 우리는 노자 사상에서 찾아볼 수 있다.

바울과 노자

도덕경 제7장에서 노자는 천장지구天長地久를 말한다. 곧 천지가 영원무궁할 수 있는 까닭을 제시한다. 그것은 천지가 자신을 위해서 살지 않기 때문에, 영원히 살 수 있다는 것이다(天地所以能長且久者, 以其不自生, 故能長生).

천지가 '자신을 위해서 살지 않는다.' 또는 '자기(에고)를 고집하지 않는다.'고 하는 부자생不自生 사상은 바울이 말하는 케노시스사상과 상통하는 면이 있다. 자기를 비우는 케노시스적 삶은 자기ego를 고집하지 않는 삶이요, 자신을 위한 삶이 아닌 부자생을 뜻한다. 이러한 부자생적 케노시스의 삶은 타자他者를 위한 삶으로 연결된다. 노자는 역설적으로 말한다. 천지는 자신을 위해서 살지 않음으로써, 그럼으로써 영원히 살 수 있다는 것이다(能長生). 천지가 영원히 살 수 있는 것(능자생)은 자기를 고집하지 않고 자기를 비운(부자생) 결과임을 알 수 있다. 부자생을 거쳐 능장생에 이른다.

노자의 이러한 역설적 표현은 예수가 자신을 낮춤으로써humiliation 높여졌다exaltation는 바울의 주장과 통한다. 노자에게 있어서 부자생과 능장생의 역설적 관계는 바울에게 있어서 케노시스와 후페룹소의 역설적 관계에 일치한다.

이어서 노자는 사사로움(自生)이 무엇인가를 설명한다. "그런고로 성인(도를 체득한 사람)은 자신을 남보다 뒤로 돌림으로써 남보다 앞서게 되고, 자신을 잊고 남을 위함으로써 결과적으로 영원히 있게 된다."(是以聖人後其身而身先, 外其身而身存) 자생自生은 남보다 앞서고 싶어 하고 내 몸을 잘 보존하기를 바라는 욕망을 뜻한다. '자신을 뒤로

한다'(後其身)는 것은 무엇을 뜻하는가? 그것은 매사에 앞에 나서지 않는 겸양이고 자기를 비우는 것(케노시스) 외에 다른 것이 아니다. 남을 앞세우고 자기를 뒤로하면, 결과적으로 남보다 앞서게 된다는 것이다(身先). '자기 몸을 밖에 내어 맡긴다'(外其身)는 것은 자기부정을 뜻한다. 자기 몸을 보존하려고 애쓰지 않고 이타행利他行을 실천함으로써 결국은 자기 몸을 언제까지나 보존할 수 있게 된다는 것이다(身存). 천지의 도를 체득한 성인은 사사로움이 없어 앞에 나서지 않고, 자신의 몸을 보존하려고 애쓰지 않지만, 저절로 남의 앞에 서게 되고 몸이 보존된다. 신선身先과 신존身存은 후기신後其身과 외기신外其身의 자연스러운 결과이다.

도덕경 8장에서 노자는 가장 높은 덕의 특성을 물에 비유하여 설명한다(上善若水). 노자는 물의 특성을 두 가지로 말한다. 물은 만물을 이롭게 하는 능력을 지니고 있지만, 자신을 드러내기 위해 남들과 다투지 않는 덕을 지니고 있다. 그럼에도 불구하고 물은 자기를 낮추어 모든 사람이 꺼려하는 장소에 머물기를 좋아하는 겸손의 도를 지니고 있다는 것이다. 최상의 선善은 바로 이와 같은 물의 특성을 지니는데, 무위자연의 도를 따라 자기를 비우는 삶을 살면, 상선의 경지에 도달할 수 있게 된다는 것이다.

노자는 욕망에 근거한 사사로움을 버리고 철저히 이타적인 삶을 사는 케노시스적 존재의 표본으로서 도道와 천지天地를 말한다. 이것들은 자기를 낮추고 비움으로써 모든 것을 수용하고 존재를 가능케 한다는 것이다. 노자는 유보다 무를, 참(盈; 滿)보다 빔(沖; 虛)을 보다 근원적인 것으로 보고, 곧은 것(直)보다 굽은 것(曲)에서 온전함을 찾는다. 바울이 인류 구원의 범주로써 그리스도 예수의 케노시스를 제시하고 있다면, 노자 역시 빔을 존재 일반의 근원적인 기반으로 본다. 도가 자기를 낮춤으로써 최고의 선(上善)의 경지에 오르듯이, 예수 그리스도는 자기를 비움으로써 높이 올리어지고 만유의 주가 된다.

사회적 소수자들의 동반자 예수

그렇다면 우리는 케노시스를 단순히 존재론적 측면에 국한해서 이해해야 되는가? 그렇지 않다. 케노시스는 존재론적 그리고 개인 윤리적 측면뿐만 아니라, 사회 역사적인 차원을 가진다. 그것은 케노시스의 화신化身인 역사적 예수의 삶과 하나님 나라 선교 운동에서 분명하게 드러난다.

예수는 가난한 목수의 아들로 태어났을 뿐만 아니라, 갈릴리 지역의 사회적 소수자들social minorities을 중심으로 하나님나라 운동을 펼쳤다. 그는 세리와 죄인의 친구로 살았고(마11:19), 소수자들과 더불어 그들의 삶의 동반자同伴者로서 살았다. 가정과 고향을 떠나 소유에 매이지 않고 살았다. 머리 둘 곳 없이 유랑하면서 가난한 사람들에게 하나님 나라가 닥쳐왔음을 선포하였다. 병자와 귀신들린 자를 치료하는 것은 예수와 그의 제자들이 펼친 하나님나라 운동의 주요 과제였다. 탈脫가정, 탈脫고향, 탈脫소유로 요약되는 예수의 케노시스적 삶은 사회적 소수자들과의 자기일치를 통해서 구체적으로 실현된다.

예수의 케노시스적 삶을 마태는 다음과 같이 요약한다. "눈먼 사람이 보고, 다리 저는 사람이 걷고, 나병환자가 깨끗해지고, 귀먹은 사람이 듣고, 죽은 사람이 살아나고, 가난한 사람이 복음을 듣는다."(마 11:5Q) 소수자들의 종말론적 구원과 해방 실천의 지평에서 예수의 케노시스적 삶은 사회화되고 있다.

사회적 소수자들과의 운명 공동체 형성은 필연적으로 기득권자들과의 대립을 가져왔다. 예루살렘 성전 숙청 사건을 계기로 예수는 체포되어 결국 십자가에 처형된다. 기득권 세력에 의해서 예수가 죽임 당한 사건을 바울은 케노시스의 극치로 선언하고 있다. "내가 여러분과 함께 지내는 동안 예수그리스도, 특히 십자가에 처형된 그리스도 이외에는 아무것도 알지 않기로 결심했기 때문입니다."(고전2:2)

케노시스의 사회화는 예수의 병자 치유에서도 나타난다. 요한복음 5장에 보면 예수께서 중풍병자를 치유하는 장면이 나온다(1-9절). 안식일에 예수께서 예루살렘에 있는 베데스다 연못을 지나갔다. 그 곳에는 온갖 병을 앓는 병자들이 즐비하게 누워 있었다. 때때로 하늘에서 천사가 내려와 연못의 물을 휘저어 놓았다. 이때 제일 먼저 들어가는 사람이 무슨 질병에 걸렸든지 낫기 때문이었다. 베데스다는 물이 동할 때 다른 사람을 밀쳐내고 자기가 먼저 들어가려는 사람들이 벌이는 생존경쟁의 현장이었다. 그 곳에 38년 된 중풍병자가 침상에 누워있었다. 예수가 그에게 다가가 묻는다. "낫고 싶습니까?" 환자가 대답한다. "선생님, 물이 움직일 때 나를 들어서 못에다 넣어주는 사람이 없습니다. 내가 가는 동안에 남들이 나보다 먼저 못으로 들어갑니다." 생존경쟁의 살벌한 베데스다의 현장에서 일등의 논리, 선착순의 논리, 힘의 논리에 밀려 평생 동안 침상에 누워 보내야 했던 중풍병자는 아마도 절망과 체념 서린 눈빛으로 예수를 쳐다보며 대답했을 것이다. "일어나서 당신의 자리를 걷어 가지고 걸어가십시오." 예수의 말이 떨어지기가 무섭게 그는 자리를 걷어 가지고 걸어갔다.

예수는 경쟁의 논리가 지배하는 베데스다의 현장에서 누구를 찾아갔는가? 경쟁력이 있는 사람인가? 아니다. 경쟁력이 없다는 이유 하나만으로, 인간다운 삶을 박탈당한 채, 38년이나 침상에 누워 지내야 했던 한 중풍병자, 사회적 케노시스, 바로 그를 찾아가 고쳐준다. 예수의 하나님나라 운동은 사회 밑바닥 사람들로 하여금 인간다운 삶을 살도록 하는 생명운동이다. 그런 면에서 예수운동은 케노시스의 사회화 운동이다.

사회적 케노시스

하루는 예수께서 큰 무리가 따라오는 것을 보시고, 그들을 목자 없는 양같이 불쌍히 여겨, 여러 가지로 가르치신다. 날이 저물자 제자들이 예수께 와서 말한다. "무리들이 인근에 가서 먹을 것을 사먹도록 보내는 것이 좋겠습니다." 그러자 예수가 제자들에게 말한다. "너희가 먹을 것을 주라." 제자들이 항의조로 말한다. "그러면 우리가 가서 2백 데나리온 어치 사다가 그들을 먹이라는 것입니까?" 예수는 아무 대꾸도 않고, 그들에게 있는 것을 가져오라고 이른다. 빵 다섯 조각과 물고기 두 마리였다. 무리를 지어 풀밭에 앉게 한 다음, 예수는 그것을 들고 축복한 후 제자들을 통하여 무리에게 나누어주게 하셨다. 5천 명이 먹고, 남은 것이 열두 광주리였다(막6:30-44).

무리의 빈곤을 보는 시각과 문제를 해결하는 방법에 있어서, 예수와 제자들 사이에는 근본적인 차이가 있다. 제자들은 경제논리에 따라 합리적인 해결책을 강구한다. 5천명을 먹이기 위해서는 적어도 2백 데나리온은 있어야 한다는 것이다. 무리의 숫자를 계산하고, 거기에 드는 비용을 계산한다. 그만한 돈이 없으니 각자 해결하도록 돌려보내자는 것이 제자들이 내어놓은 빈곤에 대한 해결책이다. 합리적인 사고와 경제 논리에 사로잡혀서, 민중의 배고픈 현실을 외면하려는 제자들의 입장을 예수는 정면으로 반박한다. 배고픈 문제보다 더 절실한 것이 있는가? 생명 문제는 적어도 경제 논리로 따질 문제가 아니라, 기적을 행해서라도 최우선적으로 해결되어야 할 문제라는 것이다. 예수에게는 사회적 케노시스들의 '배를 채우는 일' 곧 생명논리가 경제논리에 우선한다.

도덕경 제3장에 노자는 "실기복實其腹, 허기심虛其心; 약기지弱其志, 강기골强其骨"의 정치철학을 말한다. 바람직한 정치 지도자는 백성들의 마음을 비우게 하고, 배를 채워야 하며, 뜻을 약하게 하고, 뼈를 강하게 해야 한다는 것이다. 여기에서 마음이란 헛되고 부당한 욕심慾心과 사물을 이것저것 분리시키고 따지는 분별심分別心을 가리킨다. 이런 자들이 판칠 때 세상은 어지러워진다. 배는 무엇인가? 오장육부로 구성된 생명의 근간이다. 밥을 먹으면, 그것을 소화시켜 배설하는 과정은 인위人爲가 아니라 무위자연無爲自然이다. 배를 채우는 것은 생명을 살리는 일이다. 이러한 생명사상은 예수에게서도 나타난다. 안식일법과 생명의 법이 충돌하였을 때 예수는 단연코 생명의 법을 택했다. "… 안식일에 선한 일을 하는 것이 옳으냐? 악한 일을 하는 것이 옳으냐? 목숨을 구하는 것이 옳으냐? 죽이는 것이 옳으냐? …"(막3:1-6) 또한 예수는 "안식일이 사람을 위해서 생긴 것이지, 사람이 안식일을 위해서 생긴 것이 아니라"고 선언하면서(막2:27), 제자들이 안식일에 배가 고파, 밀 이삭을 잘라먹는 행위를 정당화한다. 예수와 노자는 이상적인 정치를 사회적 소수자들과의 밥상공동체 형성에 두었다.

마태복음 25장에는 최후심판에 관한 이야기가 나온다. 최후의 날에 인자人子가 와서 모든 민족을 불러 모아 양과 염소를 가리듯이 심판한다. 오른쪽에 있는 사람들을 향하여 심판자가 말한다. "너희는 내가 주렸을 때에 먹을 것을 주었고, 목말랐을 때에 마실 것을 주었고, 나그네 되었을 때에 영접하였고, 헐벗을 때에 입을 것을 주었고, 병들었을 때에 돌보아 주었고, 감옥에 갇혔을 때에 찾아주었다."그러자 그들이 대답한다. "주님, 우리가 언제 그런 일을 하였습니까?" 그때에 심판자가 말한다. "너희가 여기 내 형제자매 가운데 지극히 보잘 것 없는 사람 하나에게 한 것이, 곧 내게 한 것이다." 심판자는 또 왼쪽에 있는 사람들을 향하여 말한다. "너희는 내가 주렸을 때에 먹을 것을 주지 않았고, 목말랐을 때에 마실 것을 주지 않았으며, 나그네 되었을 때에 영접하지 않았고, 헐벗을 때에 입을 것을 주지 않았고, 병들었을 때에 돌보아주지 않았고, 감옥에 갇혔을 때에 찾아오지 않았다." 그들이 대답한다. "주님, 우리가 언제 그런 일을 하지 않았습니까?" 심판자가 말한다. "여기 이 사람들 가운데서 지극히 보잘 것 없는 사람 하나에게 하지 않은 것이 곧 내게 하지 않은 것이다."

본문에서 예수는 자기를 헐벗고, 굶주리고, 병들고, 감옥에 갇힌 소외자들, 곧 사회적 케노시스들과 일치시키고 있음을 볼 수 있다.

예수는 빔을 실천함으로써 사회적 케노시스(약자들)와 자신을 일치
시킨다.

뗏목의 비유

불교의 초기 경전에 해당하는 중아함경에 다음과 같은 이야기가
나온다. "한 나그네가 오랜 여행 끝에 강가에 도착했다. 그는 강 건
너 평화의 땅으로 가기 위하여 뗏목을 만들어 무사히 강을 건너갔다.
그는 생각했다. '이 뗏목이 아니었으면 강을 건널 수 없었을 것이다.
내가 은혜를 입었으니 메고 가야겠다.' 그와 같이 하여 뗏목에 대해
해야 할 도리를 다 한다고 생각하겠는가? 과연 뗏목을 짊어지고 가
는 것이 그가 뗏목에 대해 취해야 할 바른 태도인가?" 물론 그렇지
않다. 그는 강을 건넌 후, '다른 사람들도 이것을 이용할 수 있도록
버려두고 가자.' 이와 같이 해야 뗏목에 대해 할 일을 다 하는 것이
다. 강을 건넌 다음에는 뗏목을 버려야 한다. 그래야 목적지에 도달
할 수 있다. 뗏목 자체에 집착하거나 그것을 목적으로 착각한다면,
정작 가야 할 목적지는 도달하지 못한다.

오늘 한국사회가 겪고 있는 혼란은 사회적 가치의 혼동에서 유래
하는 것이 아닌가? 경제는 사회의 한 부분이지, 경제가 곧 사회는 아
니다. 경제가 지향하는 목표는 무엇인가? 경쟁력 강화를 통한 보다
많은 이윤창출이다. 사회는 적어도 경쟁력과 이윤창출이 목적이 되
어서는 안 된다. 사회 전반에 걸친 문제들을 단지 경쟁력, 신자유주
의, 시장경제 논리로 풀어가려는 경제환원주의적 발상은 인간뿐 아
니라 지구촌 생태계를 종말로 인도할 위험이 있다.

　20세기 인류는 인간의 욕망을 채우는 데서 행복을 추구하던 서구 과학기술 문명과 서구 영성의 한계를 경험하였다. 이제 21세기 인류는 행복 추구의 패러다임을 과감하게 바꾸지 않으면 안 된다. 주관적이고 개인(집단) 이기주의적인 욕망을 채우는 데서가 아니라, 덜어내는 데서 행복을 찾는 탐험을 해야 할 때에 이르렀다.

　바울은 예수의 케노시스(빔)적 삶 속에서 인류의 구원에 대한 희망을 보았다. 우주 생명의 희망을 보았다. 케노시스의 사회화 그리고 사회의 케노시스화(空化)를 몸으로 실천한 예수의 하나님나라 운동에서 우리는 지구촌 자본주의 문명에 대한 비판적 대안을 발견할 수 있다.

몸과 수행

　내가 몸 훈련의 한 방편으로써 요가와 명상에 관심을 갖게 된 것은 1973년 초로 생각된다. 박정희 군사정권은 장기집권을 꿈꾸면서 1972년 유신헌법을 선포하고 긴급조치를 발동하는 등 정권유지를 위한 마지막 수단을 다하였다. 그에 비례하여 민주화와 인권회복을 위한 학생들의 반정부 투쟁은 점점 더 가열되었는데, 군사정권은 이를 원천적으로 봉쇄하기 위해 반정부 학생운동을 북한의 대남 공작 세력과 연계시키고, 학생운동을 북한의 불온세력에 의해서 조종되는 반국가단체로 규정하고 온갖 탄압을 자행하였다. 인혁당 사건, 민청학련 사건, 재일교포 간첩단 사건 등이 대표적인데, 이에 관련된 많은 사람들이 옥고를 치르기도 하였고, 그 중에는 사형을 당한 사람의 수도 적지 않았다.

　군사정권은 학생운동의 정신적 지도자라고 볼 수 있는 교수들을 해직시켰는데, 기독교계에서는 연세대학의 김찬국, 서남동, 고려대학의 이문영, 한신대학의 문동환, 안병무 등이 여기에 속하였다. 해직교수들을 중심으로 갇힌 자를 위한 목요 기도회와 갈릴리 교회가 설립되었다. 동시에 군사정권은 고려대학과 한신대학에 휴교령을 내리고 학생들의 출입을 금지하였다.

당시 필자는 학교 기숙사에 있었는데, 룸메이트인 후배가 요가에 심취해 있었고, 필자에게 요가를 권하기도 하였다. 요가나 명상을 지극히 개인적이고 현실도피적인 것으로 생각하고 있었기 때문에, 필자는 이에 대하여 비판적인 입장을 견지하고 있었다. 당시 치열한 역사의식과 현실참여를 주장하던 필자에게 요가는 몽상적인 것이고 역사의식을 마비시키는, 맑스가 말하는 민중의 아편 정도로 생각되었던 것도 사실이다.

휴교령 기간 동안 필자는 기숙사에 처박혀 있으면서, 후배의 끈질긴 설득으로 요가를 배우기 시작하였고, 요가에 관한 서적들을 읽으면서 내가 누구인가를 발견할 뿐만 아니라, 정신과 몸의 수련을 위한 하나의 방편이 될 수 있다는 생각이 들었다. 요가에 대한 필자의 인식이 서서히 바뀌면서, 후배들과 요가 동아리를 만들어 매일 아침 이른 새벽 기숙사 옥상에서 요가를 하는가 하면, 검도를 하여 신학생으로서의 몸의 수련에도 게을리 하지 않았다. 민주화 투쟁과 몸의 훈련, 개인구원과 사회구원, 곧 나를 바꾸는 것과 세상을 바꾸는 것은 동전의 양면처럼 동시에 진행되어야 할 일이지, 분리되어서는 안 된다는 생각이 들었다. 기독교가 말하는 구원이 부분적인 것이 아니고, 전체성을 담보하고 있는 것이라면, 본질적으로 개인변혁과 사회변혁은 하나로 만나야 할 것이다.

당시 한신대학의 학생운동은 바로 이들에 의해서 주도되었는데, 지금 기장의 생명연대(민교협)의 뿌리는 바로 여기에서 발견할 수 있다. 필자는 유신정권 말기 오랫동안 옥중에서 독거생활을 하면서, 요가 명상의 덕을 톡톡히 본 사람 가운데 하나이다. 0.78평의 삶의 공간과 악조건 속에서 수년 동안 생활하면서 내가 만일 요가 명상을 통한 몸의 훈련을 게을리 하였다면, 지금까지 정신적인 그리고 육체적인 생명을 연명해 나갈 수 없었을 것이다.

명상과 새 문명 패러다임

1968년 구라파에서 전개된 학생 노동운동은 근대 세계 역사의 사회 운동에서 하나의 획기적인 전환점을 이룬다고 볼 수 있다. 파리, 런던, 베를린에서 시작된 반체제운동은 유럽 전역으로 확산되었고, 그 운동은 동구권인 체코의 프라하에로 확산되기에 이른다. 미국에서도 베트남 반전운동을 위시한 반체제운동이 전역으로 확산되었다.

이른바 68혁명은 기본적으로 냉전체제 하에서 정치경제적 이권을 향유하던 기득권 계층에 대한 저항으로 일어난 정치투쟁의 성격을 띤다. 그러나 그 운동은 정치투쟁에 국한되지 않고, 근대를 형성한 팽창 위주의 서구문명에 대한 총체적인 반성과 변혁을 요구하는 문명 전환운동의 성격이 짙다. 그들은 근대 서구 문질문명이 지니는 태생적 한계를 깊이 인식하고, 이에 대한 새로운 대안을 찾기 시작하였다. 이를 기점으로 새로운 가치관, 새로운 사고방식, 새로운 삶의 양식, 새로운 운동 방식이 싹트기 시작하였다. 히피 운동, 환경녹색 운동, 영성 운동, 공동체 운동, 신과학 운동, 뉴에이지 운동, 탈현대담론 운동, NGO 운동, 신학적 지평에서의 민중해방신학 운동은 아마도 거시적으로 볼 때 이러한 범주에서 파생된 것으로 보아도 무방할 것이다.

이 운동들은 각론에서는 전혀 무관한 것으로 보일지 모르지만, 팽창 지향적인 근대 서구의 이원론적이고 기계론적인 세계관의 한계점을 근원적으로 인식하고, 이를 극복하기 위하여 새로운 문명의 패러다임 창출을 모색하고 있다는 점에서는 서로 일치한다. 또 하나의 공통점은 이들이 새로운 문명의 패러다임 범주의 하나로서 동양적 세계관과 사상에 관심을 기울이고 있다는 점이다. 동양의 "일원론적"이고 "유기체적"인 세계관이 서구의 "이원론적"이고 "기계론적"인 세계관을 통해서 형성된 근대 서구문명의 병폐를 치유하는 데 하나의 대안이 될 수 있다고 이들은 판단하기 때문이다.

기존의 사회운동이, 민중신학 운동도 마찬가지이지만, 주로 정치 경제 투쟁에 국한되고 있다면, 새로운 문명 전환 운동은 세계관과 가치관의 변혁과 그리고 삶의 양식을 포함한 새로운 문명 창출에 관심을 기울인다. 그런 면에서 이 운동은 기존의 좌파 운동에 비해서 보다 근원적(radical)인 변혁을 추구하고 있음을 알 수 있다.

인간의 의식이나 가치관 그리고 삶의 스타일의 변혁 없이, 정치 경제를 포함한 사회 체제의 변혁만을 추구하는 것이 어떠한 한계성을 지니고 있는가에 대해서 우리는, 인류역사에서 그 예를 쉽게 찾을 수 있다. 체제 혁명과 인간 혁명은 동시에 진행되어야 할 사항이지, 선후가 있을 수 없다. 이제 인류는 사적 소유를 줄이고 욕심을 적게 가지는 소사과욕小私寡欲의 삶을 실천하고, "체제 변혁"을 넘어서 "문명의 전환"을 추구해야 할 때이다.

이런 면에서 새로운 문명 축의 시대에 몸의 훈련과 민중신학은 서로

만나야 한다. "물질과 정신의 통전,""몸과 세계의 통전"이야말로
민중신학이 지향해야 할 바이다.

바울의 몸 수행(고전9:26-27)

바울은 그리스도교인을 올림픽 경기장에서 달음질하는 운동선수
에 비유한다(고전9:24-25). 경기에 참여하는 것 자체가 상을 보장해주
지 않는다. 상을 받는 사람은 하나이다. 경기에서 승리를 해야 면류
관을 받을 수 있다. 그리스도교인도 마찬가지다. 그리스도교인은 세
례를 받음으로써 신앙생활을 시작한다. 그러나 세례를 받고, 신앙생
활을 한다는 것 자체가 구원을 보장해주지 않는다. 언제나 '그리스
도 안에*en Christo*,' 곧 옳은 길을 가지 않으면 안 된다.

경기에 나서는 사람은 모든 면에 있어서 자신을 '절제*engkrateuesthai*'
해야 한다. '엥크라튜스타이'는 절제뿐만 아니라, 자기 자신을 정복
하는 극기훈련克己訓鍊을 말한다. 자기 수련, 자기 훈련, 몸의 단련과
수신修身으로도 번역될 수 있다. 엄격한 자기 훈련을 통해서 운동선
수가 목표로 하는 것이 무엇인가? 그것은 썩어 없어질 면류관이다.

고린도전서 9장 26절에 따르면, 몸의 단련은 목표가 분명한 경주이
며 목표를 가진 권투 경기에 비유된다. 목표를 알지 못하는 달음질을
하는 것이 아니고, 목표를 잃고 허공을 향하여 글러브를 휘둘러대는
권투를 하는 것도 아니다. 27절에서 이제 바울은 그리스도교인의 삶
을 철저한 자기 수련 과정으로 이해한다. "내가 내 몸을 쳐서 복종시
킨다*hypopiazo mou to soma kai doulagogo*"고 한다. 본문에서 '휘포피아
조'는 얼굴을 쳐서 시퍼렇게 멍들게 하는 것을 뜻한다. '둘라고그'는

노예가 그의 주인에게 복종하는 것을 뜻한다. 복종의 철저성을 나타내는 개념이다. 몸을 단련시켜 의지에 복종시키되, 마치 종이 주인에게 하듯이 철저하게 복종하도록 만든다는 것이다.

바울은 여기에서 '프뉴마*pneuma*'에 대립된 개념인 '사르크스*sarks*'를 쓰지 않고, '소마*soma*'를 쓰고 있다. 인간은 육*sarks*만도 아니고, 영*pneuma*만도 아니다. 육이면서 영이요, 영이면서 육이다. 인간은 '따로' 존재할 수 없다. 언제나 전체로서만 존재할 수 있다. 인간이 가지는 이러한 '유기적 전체성'을 표현할 때 바울은 소마(몸)라는 개념을 사용한다. 인간은 소마를 소유할 수 없다. 왜 그런가? 인간이 곧 소마이기 때문이다. 인간은 부분적으로 존재할 수 없고, 언제나 유기적 전체로서 존재할 뿐이다. 바울은 인간의 특성을 통전적統全的 지평에서 언제나 소마로 표현한다. 인간이 하나님과 만나는 장소는 어디까지나 '유기적 전체성'으로서의 몸이다.

바울이 '신체(사르크스)의 단련'을 말하지 않고, '몸(소마)의 훈련'을 말하고 있는 것은 주목할 만하다. 그가 말하는 '소마의 훈련'은 단순히 근육을 단련시키는 운동이나 양생 차원의 훈련이 아니라 정신수행의 차원, 곧 고도의 영성수련의 차원까지 포함하는 개념임을 알 수 있다.

바울은 인간의 소마를 항상 '무엇을 향한 존재Aus-Auf-Sein,' 곧 '지향성'의 존재로 파악하였다. 인간의 몸은 언제나 무엇을 향해 있으며, '무슨 세력 하에' 존재한다. 몸이 영을 지향하거나 영의 세력 하에 놓여 있을 때는 '영적인 몸'이 된다. 육을 지향하거나, 육의 세력 하에 놓여 있을 때는 '육적인 몸'이 된다. 그런 면에서 인간의 소마는 언제나 열려진 가능성의 존재이며, 과정적 존재이기도 하다. 어디로 향하고, 어떻게 만들어 가느냐에 인간의 소마는 달라진다. 바울이 말하는 소마의 수행이 그래서 중요하다.

바울이 말하는 '몸의 수행'의 목표는 무엇인가? 장생불사長生不死가 아니다. 양생養生도 아니다. 건강도 아니다. "그것은 내가 남에게 복음을 전하고 나서, 도리어 나 스스로가 버림을 받지 않도록 하려는 것입니다." 바울은 그리스도와의 관계성 속에서 몸의 수행을 말한다. 그리스도에게 버림받지 않기 위해서 몸의 수행을 한다는 것이다. 그리스도 안에서 인정받는 것이 그가 말하는 '몸 수행'의 목표이다.

그런 의미에서 바울은 로마교회 성도들에게 말한다. "여러분은 '여러분의 몸ta somata hymon'을 하나님께서 기뻐하실 '거룩한 산 제물thysian zosan hagian'로 드리십시오. 이것이 여러분이 드릴 합당한 예배입니다."(롬12:1) 육(사르크스)의 예배가 아니다. 영(프뉴마)의 예배도 아니다. 그리스도교인이 드려야 할 예배는 몸(소마)의 예배이다. 그리스도교인은 "너희 몸으로en to somati hymon" 하나님을 영화롭게 해야 한다(고전6:20). 한 걸음 더 나아가 바울은 "몸은 주님을 위하여to soma to kyrio, 그리고 주님은 몸을 위하여ho kyrios to somati" 있음을 말하기도 한다(고전6:13). "너희 몸은 성령의 전殿 to soma hymon naos tou en hymin hagiou pneumatos estin"이기도 하다(고전6:19). 하나님으로부터 성령을 받아서 그것을 바로 몸에 모시고 있는 사람이 그리스도인이다. 그리스도는 다름 아닌 그리스도교인의 "몸 주主"가 된다. 몸은 인간이 하나님과 만나는 유일한 장소이다. 그렇기 때문에 바울은 몸의 수행을 그토록 중시한다. 바울에게 있어서 하나님을 향한 신앙생활은 곧 몸의 수행과 분리될 수 없다.

몸과 흙

인간에 대한 질문은 몸에 대한 질문과 분리될 수 없다. 창세기 2장
에는 "하나님이 땅의 흙으로 사람을 지으시고, 그의 코에 생명의 기운
을 불어넣으시니, 사람이 생명체가 되었다"고 기록되어 있다(7절). 하
나님은 인간adam을 지으시되, '땅의 흙', 곧 아다마adama로 지으셨
다. 그리고 그의 코에 '니샤마neshama'를 불어넣으니, '아담'이 '네페
쉬 하야nepesh haya'가 되었다는 것이다. '생명의 기운'으로 번역된 히
브리어 '니샤먀'는 본래 '거센 바람' 또는 생명의 호흡呼吸, Lebensatmen
을 뜻한다. 아다마와 니샤마의 묘합妙合으로 '네페쉬 하야'가 탄생하
였음을 창세기 기자는 말한다. '네페쉬' 역시 생명, 숨을 뜻하기도 하
고, 의지意志와 지향성志向性을 뜻하기도 한다. '네페쉬 하야'는 숨 쉬
는 존재를 나타낸다. 창세기 기자는 하나님께서 땅의 기운과 생명의
기운을 묘합시켜 의지를 지닌 숨 쉬는 존재인 인간을 만드셨다고 말
한다. 창세기에 따르면 땅의 기(아다마)와 하늘의 기(니샤마)의 묘합妙
合이 인간이다.

이러한 창세기의 인간 이해는 동양사상에서의 인간 이해와 상관
성을 갖는다. 동양사상에서는 인간의 삶의 근거에 해당하는 자연을
가리켜 천지天地라고 한다. '천'은 하늘을, '지'는 땅을 가리킨다. 우
리가 살고 있는 우주를 동양에서는 천지라는 말로 표현한다. 그런데
동양사상에서 천지는 실체적 대상으로서의 하늘과 땅을 지시하지 않
는다. 땅이나 하늘이나 동양적 세계관에서는 모두 기氣를 가리킨다.

기의 유형有形이 땅이요, 기의 무형無形이 하늘이다. 형체 있음이 땅이요, 형체 없음이 하늘이다. 형체 없음이라고 해서 존재하지 않는 것은 아니다. 무형은 유형과 마찬가지로 존재의 또 다른 양식일 뿐이다.

음양사상에 따르면 형체 없는 하늘을 가리켜 양陽이라 부르고, 형체 있는 땅을 가리켜 음陰이라고 부른다. 그러나 음과 양 역시 고정된 실체로 이해되지 않는다. 음 속에 양이 들어 있고 양 속에 음이 들어 있다. 음과 양이 합성되어 만물이 생성된다. 만물은 음과 양의 합성으로 이루어진다. 인간의 몸 또한 음과 양의 합성이요, 땅과 하늘의 합성이다. 인간의 몸에서 형체가 없는 것은 하늘이요 양이며, 형체가 있는 것은 음이요 땅이다. 몸의 하늘이 혼魂이라면, 몸의 땅이 백魄이다. 정精이 몸의 땅이라면, 신神은 몸의 하늘이다. 동양에서 정신은 인간의 몸을 가리키는 전체성을 담고 있는 개념이지 서양적 개념인 스피리트spirit와는 차원을 달리한다. 동양에서 생명은 물과 불의 유기체적 결합으로 이해된다. 물은 생명의 질료質料이며, 하늘은 생명의 힘이다. 불은 하늘이요 물은 땅이다. 생명은 곧 하늘과 땅의 합성合成이며, 불과 물의 합성이다. 하늘과 땅 사이에 있는 모든 존재를 만물이라 부른다. 사람은 기 덩어리인데, 기가 모이면(聚) 생명이 되고, 기의 흩어짐(散)이 죽음이다. 하늘은 만물의 아비요(乾稱父), 땅은 만물의 어미(坤稱母)이다. 러브록Loverock은 우주 전체가 하나의 살아있는 생명체라는 가이아Gaia론을 제창했다. 그러나 동양에서는 이미 오래 전에 천지 자체를 하나의 살아있는 유기체로 보고 있음을 알 수 있다. 기에는 생성론적生成論的 기氣와 양생론적養生論的 기氣가 있다. 생성론적 기는 카오스적 성향을 지니고 있고, 양생론적 기는 코스모스적 성향을 지닌다. 양의 기운과 음의 기운이다. 천지에는 기가 충만해 있는데, 기가 뭉쳐서 물질을 형성한다. 인간은 땅의 기운(地氣)과 하늘의 기운(天氣)이 묘합된 일종의 '기氣 덩어리'라고 말할 수 있는데, 기의 응집이 생명이요, 기의 해체가 죽음이다. 동양 사상에서는 모든 존재는 기에 의해서 형성된다. 생명은 숨이요, 숨은 곧 호흡인데, 날숨(呼)과 들숨(吸)의 규칙적인 반복운동을 통해서 천지의 기를 들이마시고 내뿜는 것이 생명이다. '니샤마'는 동양적인 개념으로는 바로 천기天氣에 해당됨을 알 수 있다.

건강한 몸, 맑은 정신, 깨어 있는 얼은 우리가 행복한 삶을 누리는 데 필수적인 것이다. 명상이란 행복한 삶을 누리는 데 절대적으로 필요한 벗이라고 할 수 있다.

몸 바라보기는 우리 몸의 보편적인 원리에 의거하여, 몸의 근육과 뼈에 적절한 긴장과 자극을 가하고, 아울러 깊게 이완시킴으로써, 우리 몸의 조화와 균형을 추구한다. 특히 자신의 몸의 긴장과 이완에 대한 느낌을 길러 평소 몸에 긴장이 쌓이는 것을 예방할 수 있다. 마음 바라보기는 특정한 종교적 신념을 강화하거나 정신 집중을 통하여 특정한 의식 상태에 도달하기보다는, 자신의 마음을 있는 그대로 바라보는 것을 강조하는 명상법이다. 우리의 마음을 있는 그대로 볼 수 있을 때, 마음속의 여러 가지 상처들이나 왜곡된 부분들은 저절로 치유되고 교정된다. 마음 바라보기는 마음에 깊은 휴식을 줄뿐만 아니라 인격을 자연스럽게 성숙시킨다. 삶 바라보기는 자신의 삶의 흐름을 잘 관찰하여, 현실 생활 속에서 자신의 삶을 아름답게 다듬는 기술이다. 삶 바라보기에서는 특히 자신의 욕망을 잘 관찰하여, 그것을 효율적으로 조절하고 성취하도록 한다.

몸의 부드러움

일찍이 노자는 도덕경 76장에서 다음과 같이 말했다. "사람이 태어날 때는 부드럽고 약하지만 죽을 때에는 굳세고 딱딱하다. 만물초목이 태어날 때는 부드럽고 야들야들하지만 죽을 때에는 딱딱하게 마른다. 그러므로 굳세고 딱딱한 것은 죽음의 무리요, 부드럽고 약한 것은 삶의 무리이다(人之生也柔弱, 其死也堅强。萬物草木之生也柔脆, 其死也枯槁。故堅强者死之徒, 柔弱者生之徒。).

이것은 참으로 예리하고 심오한 통찰이다. 어린아이의 몸이나 봄철 갓 물이 오르는 버드나무 가지를 보라. 얼마나 부드럽고도 약해 보이는가? 그러나 그 속에는 생명력이 가득 차 있다. 노인의 몸이나 겨울철의 나무 가지들을 보라. 굳세고 강해 보이지만 사실 생명력이 없다. 노자는 생명의 핵심을 부드러움과 유연함에서 찾고 있음을 알 수 있다.

우리 몸도 마찬가지이다. 몸이 부드럽게 풀려 있을 때는, 혈액 순환도 잘 되고 기의 흐름도 원활하다. 그러나 우리 몸이 딱딱하게 굳어 있을 때는 혈액 순환도 좋지 않고 기의 흐름도 원활하지 않다. 인간의 몸은 부드럽게 풀려 있을 때는 외부로부터의 충격에도 유연하게 대처할 수 있지만, 딱딱하게 굳어 있을 때는 큰 타격을 입는 경우가 많다. 원래 우리 몸은 부드러움을 지니고 태어난다. 이렇게 부드러운 몸이 나이를 먹어가면서 점차 굳어 가는 것은 자연의 현상이다. 그런데 대부분의 사람들은 자연적인 노화현상 외에, 인위적으로 형성된 여러 가지 조건에 의해 훨씬 빨리 몸이 굳어버린다.

그러면 무엇이 우리의 몸을 굳게 만드는가? 첫째는 긴장이다. 사실 긴장이란 한 생명체가 자신을 보호하기 위하여 만드는 자연스런 현상이다. 그런데 문제는 쓸데없는 긴장이다. 불필요한 긴장에 의해 우리의 몸은 과다하게 에너지를 낭비하고, 그로 인해 피폐해진다. 그것이 몸을 경색되게 만든다. 현대인들의 대부분의 병은 만성 긴장에서 온 것이다. 특히 사무직에 종사하고 있는 사람은 알게 모르게 늘 어깨와 목 주위가 늘 긴장되어 있다. 그래서 항상 목뒤가 당기고 어깨 부위가 뻐근함을 느낀다. 이렇게 어깨와 목이 긴장되어 있으면 그 부위의 혈액 순환과 기의 흐름도 좋지 않다. 그래서 조금만 무리하면 머리가 무겁고 혈압이 올라가기도 한다. 몸의 다른 부위도 마찬가지이다. 이 만성 긴장만 풀 수 있어도 건강을 유지하는 데는 매우 큰 도움이 될 것이다.

또 하나 중요한 것은 항상 바른 자세를 취하는 것이다. 우리 몸은 하나의 건축물과 같다. 건축물은 외관도 중요하지만 무엇보다도 골조가 중요하다. 기본 골조가 잘못된 건물은 외관이 아무리 그럴싸해도 부실건물이다. 이것은 얼마가지 않아서 파손되거나 무너진다. 우리 몸도 뼈가 바로 되어 있어야 몸 전체의 생명력이 올라간다. 휘어진 뼈를 계속 방치하면 결국 몸에 무리가 오고 나중에는 몸이 전체적으로 망가진다. 우리 몸의 뼈 가운데서도 가장 중요한 부분은 역시 척추이다. 척추가 뒤틀려 있을 때 혈액순환에 장애가 생기고 기의 흐름이 원활하지 못해 결국 생명력이 떨어진다. 이런 사람들은 자세가 바른 사람들에 비해 훨씬 쉽게 간경화, 간염, 간암 등의 병에 걸리게 된다.

몸의 자세는 호흡과 밀접한 관련이 있다. 자세가 불량할 때, 호흡은 깊게 들어가지 않는다. 대부분의 현대인들은 골반이 굳어 있다. 앉는 자세에서 골반이 풀리지 않는 경우 골반 위의 척추들도 편안하지가 않다. 그래서 몸의 무게 중심이 약간 뜨게 된다. 그래서 호흡을 해도 깊게 들어가지 않고, 기의 흐름도 차분히 가라앉지 않고 자꾸 위로 치솟는다. 골반이 풀려야 요추가 편안해지고, 요추가 편안해지면 아랫배가 편안해진다. 그러할 때는 저절로 단전호흡이 이루어진다.

또한 자세를 바로 잡는 것은 육체적인 건강만이 아니라 맑은 정신을 유지하는 데에도 매우 중요하다. 몸과 마음은 둘이 아니다. 자세가 왜곡되어 있을 때, 의식의 일부도 자신도 모르게 왜곡된다. 그런데 바른 자세는 부드러움과 밀접한 관계가 있다. 뼈와 근육이 부드러운 사람은 자연스럽게 바른 자세가 나온다. 유연한 자세와 바른 자세는 우리 몸의 건강을 유지하는 두 수레바퀴이다. 몸이 부드럽고, 반듯할 때, 안의 모든 장부의 기능이 원활하게 작동하고, 몸이 전체적으로 조화와 균형을 유지하게 된다.

심층적 자아 발견

우리는 "당신이 누구냐?" 물으면 대부분 자기의 육체를 먼저 떠올린다. 그리고 그 육체에게 붙여진 이름과 자기의 신분, 소속, 가족관계 등을 떠올린다. 그러나 이것들은 나의 껍질들이지 나의 진짜 모습이 아니다. 나의 이름이나 신분, 소속, 가족관계 등이 내가 아니라고 하는 것은 조금만 생각하면 금방 알 수 있을 것이다. 그것은 이 사회에서 편리를 위하여 만들어 놓은 약속에 불과한 것이다.

우리의 육체 또한 나의 껍질이다. 우리는 살아가면서 보고 듣고 느끼고 말하고 움직이고 생각하고 있다. 그런데 우리의 육체는 그 자체로는 보고 느낄 수 없다. 그 속에 그 무언가의 주인이 있을 때 생각할 수 있다. 그 주인이 육체를 떠나가 버리면 우리의 육체는 하나의 고깃덩어리에 불과하다. 육체는 사실 그 주인을 표현하는 하나의 도구에 불과한 것이다. 육체의 주인은 무엇인가? 우리의 마음이다. 마음이란 이 모든 대상을 보고, 듣고, 느끼고, 생각하고, 감정을 일으키는 그 주인공을 말한다.

보통 사람들은 평소에 늘 오감五感의 대상과 마음에서 일어나는 사념思念과 감정에 끌려 다니기 때문에, 인식의 통로가 밖으로만 향해있다. 물론 사념과 감정은 오감의 대상에 비해서는 상대적으로 내적인 요소이지만, 그것 또한 하나의 대상이다. 보고, 듣고, 느끼고, 생각하고, 말하고, 움직이는 주인을 알아차릴 수 있을 때, 비로소 새로운 차원의 인식이 일어난다. 물론 이러한 인식은 쉽게 이루어지는 것이 아니다. 일단은 먼저 외적 대상에 끌려 다니지 않고, 그것을 있는 그대로 바라볼 수 있는 힘을 길러야 한다. 외적 대상에 끌려 다니는 것을 그만둘 수 있을 때, 비로소 내면으로 바라볼 수 있는 주체성을 지닌 힘이 생기게 된다. 그리고 내면으로 바라보는 힘이 점차 축적될 때, 어느 한순간 보고 듣고 느끼고 생각하고 말하고 움직이는 주인공인 심층적 자아를 직접 알아차릴 수 있게 된다.

사람은 몸이다

　사람은 몸을 가지고 있는 것이 아니라 사람이 곧 몸이다. 사람은 몸으로써 산다. 몸은 부분이 아니라 전체이다. 몸이 전체이듯이, 구원도 전체이다. 바울은 몸의 부활을 말한다. 몸으로 하나님께 살아 있는 제사를 드리라고 한다. 동시에 몸은 하나님의 영이 머무는 장場이기도 하다. 몸은 가능성이다. 어떻게 길들이느냐에 따라 선善의 도구로 쓰일 수도 있고, 악惡의 도구로 쓰일 수도 있다. 그리스도 안에서 발견되기 위하여 몸 수행이 필수적으로 요청되는 이유가 여기있다.

바울의 고향, 터키 길리기아 지방의 다소

제3부
역사의 예수와
화광동진 和光同塵

이방인 가나안 여인의 호소: "주여! 다윗의 자손이여!
나를 불쌍히 여기소서. 내 딸이 흉악히 귀신들렸나이다."(마15:22)
렘브란트 1645, 런던, 개인소장, 280 × 187㎜

예수의 신앙

지금까지 기독교의 예수에 대한 신앙은 성서에 근거하여 얻은 결론이라기보다는 초대교회의 변증적인 목적에 의해서 형성된 것이라 할 수 있다. 헬라 종교나 철학에 익숙한 사람들에게 어떻게 하면 기독교인들이 믿는 예수 그리스도를 효율적으로 전파할 수 있는가? 타종교나 철학의 창시자들과 비교할 때 그리스도인이 믿는 예수가 어떤 점에서 우월한가? 이러한 선교적 목적 때문에, 초대교회는 예수를 헬라세계의 종교적 영웅으로 만들거나, 신격화된 구원자의 모습으로 묘사하기를 서슴지 않았다.

초대교회의 교리화 과정에서 예수는 '참신이요 동시에 참인간Gott-Mensch'성을 지닌 분이라는 양성론兩性論이 주장되기에 이르렀다. 이것이 기독교 역사에서 예수에 대한 신앙의 본질로 자리 잡게 되어 오늘에 이르고 있다. 기독교는 예수를 참신이요 참인간으로 믿고 있지만, 신앙의 무게중심은 언제나 예수의 신성을 강조하는 데 있었고, 인성은 단지 그를 신화적 존재가 되지 않도록 하기 위한 일종의 안전판 구실을 하는 데 그쳤다.

초대교회의 이러한 신적神的 예수 신앙은 복음서가 전하는 역사의 예수와 상당한 거리가 생길 수밖에 없다. 불트만이 지적한 대로 예수는 하나님 나라를 설교했지만, 이와 다르게 교회는 예수를 신적 그리스도로 설교했던 것이다. 예수는 달을 가리키며 보라고 했는데, 교회는 예수의 손가락을 처다본 격이었다.

초기교회의 신적 예수 신앙은 두 가지로 요약된다. 십자가 대속사건이 그 하나요, 메시아사상이 다른 하나이다. 초기 그리스도교는 예수의 십자가 사건을 우리 죄를 대신한 대속사건으로 고백했다. 그 배후에는 죄를 지으면 어떤 형식으로든지 반드시 벌을 받지 않으면 안 된다는 구약성서의 응보사상이 자리 잡고 있다. 십자가 사건을 대속사건으로 받아들인다면 하나님도 인과응보의 법칙에서 결코 자유로울 수 없는 분이 되고 말 것이다. 이와 같이 십자가 사건을 속죄의 시각에서 해석하는 것은 예수사건의 한 측면을 이해하는 데 도움을 준다. 그러나 십자가 사건을 속죄사상의 시각에서만 이해한다면 한계를 지니지 않을 수 없게 된다.

인과응보의 하나님?

복음서의 예수에게서 발견되는 하나님은 어느 분인가? 죄인을 벌주는 인과응보의 하나님과는 거리가 멀다. 지은 죄를 벌주는 대신으로, 다른 어떠한 대가를 요구하는 분도 아니다. 블로흐E. Bloch가 말했듯이 심지어 자기 아들의 생명을 요구하는 피에 굶주린 하나님은 더욱 아니다. 아무 대가를 요구하지 않고, 죄인을 사랑하고 용서하는 하나님이다. 그 어떠한 조건을 내걸지 않고 자비를 베푸시는 은혜로우신 분이 우리가 복음서에서 만날 수 있는 예수의 하나님이다.

초기교회는 예수를 메시아, 곧 그리스도로 신앙했다. 구약성서에서 메시아 신앙은 항상 유대민족주의와 결부되어 나타난다. 이스라엘 백성이 고대한 메시아는 외세의 압제로부터 이스라엘 민족을 정치적으로 해방시킬 권력과 힘의 상징으로 이해되었다. 그런데 역사의 예수에게서는 이러한 모습을 찾아볼 수 없다. 바울 사도는 예수가 실은 연약하여 십자가에 달려 죽었다고 말한다.(고후13:4)

마태복음 11장 16-19(Q)에서 우리는 어떠한 예수 신앙을 찾아볼 수 있는가? 본문은 예수와 더불어 바리새파와 율법학자들이 논쟁하는 장면을 전한다. 앞서 세례자 요한이 와서 자주 금식하고, 포도주도 입에 대지 않고 광야에서 금욕 생활을 하니 그들은 요한을 가리켜 "귀신들린 자"라고 했다. 귀신은 먹을 수 없고 마실 수 없기 때문이다. 그러나 인자는 와서 먹고 마시매, 먹기를 탐하고 포도주를 즐기는 사람이며, "세리와 죄인의 친구"라고 비난한 것이 본문의 내용이다.

Q가 전하는 예수의 실제적 삶의 모습은 어떠했는가? 그 시대를 살아가던 민중 그대로의 모습이다. 예수는 세리나 죄인들과 한 식탁에 앉았고, 그들과 함께 술과 고기를 포식했던 대식가였고, 주량이 센 분이었던 것 같다. 그래서 세상 사람들이 예수에게 "먹보요 술꾼"이라는 별명을 붙여주었을 정도였다고 본문은 말하고 있다. 예수에게는 또 하나의 별명이 있는데, "세리와 죄인의 친구"가 그것이다. 본문은 예수가 이와 같이 민중의 한 사람으로 살았다고 말한다.

Q가 전하는 예수는 민중을 위해서 산 것이 아니다. 민중의 한 사람으로서 민중의 친구로 살았을 뿐이다. 예수는 자기와 민중을 결코

분리시키지 않았다. 적어도 예수의 민중은, 예수에게서 민중을 보고, 민중인 자기 자신에게서 예수를 보았던 것이다. 예수와 민중은 주객으로 분리되지 않고, 언제나 둘이 아닌(不二) 관계로 존재했다고 볼 수 있다. 예수와 민중의 관계는 "일즉다一卽多, 다즉일多卽一"의 관계라고 볼 수 있다. 예수 속에 민중이 들어있고, 민중 속에 예수가 들어있다. 예수는 민중을 흉내내는 것이 아니라, 아예 민중이 되어버린 것이다. 바리새파가 예수에게 붙여준 별명 곧 "세리와 죄인의 친구"에서 우리는 철저하게 민중의 한 사람으로 살아간 예수를 발견할 수 있다. Q가 전하는 예수는 민중으로 화化한 예수인 것이다.

원효대사

신라의 6대 고승 가운데 한 분인 원효대사가 있다. 원효는 삼국시대 말기 경주에서 육두품 출신 귀족의 집안에서 태어났다. 속성은 설씨薛氏이다. 어릴 때 일찍 부모를 여의고 할머니 밑에서 자랐고, 장성하여 화랑이 된다. 그는 삼국 전쟁에 참여할 때마다 승리하여 젊은 나이에 장수가 되고 출세가도를 달린다.

그의 나이 29살 때 전쟁터에서 절친한 친구 화랑이 적군의 화살을 맞아 전사하게 된다. 친구의 무덤가에서 그는 슬피 울며 원수 갚을 것을 다짐한다. 그때 문득 그는 원수들을 생각해보았다. 지금쯤 그들은 전승을 위한 축하잔치를 벌이고 있을 것이 아닌가! 원효는 자기가 전쟁에 승리했을 때를 떠올렸다. 그때 적은 지금의 자기처럼, 전우들의 무덤가에서 슬피 울며 보복을 다짐하고 있었을 것이다.

똑같은 일을 두고 한 쪽에서는 승리의 기쁨에 젖어있고, 상대 쪽에서는 패배의 슬픔에 빠져있다. 내가 전쟁에서 이길 때는 패배한 적의 심정을 이해하지 못했는데, 지금 막상 전쟁에 패배하여 절친한 친구를 잃고 보니, 내가 그동안 승리하고 출세가도를 달린 것이 다름 아닌 수많은 사람들의 패배에 기초하고 있고, 그들의 원한을 쌓는 일이었다는 사실을 새삼스럽게 깨닫게 된 것이다.

전쟁 놀음의 허망함을 깨닫게 된 원효는 그 자리에서 자기 스스로 머리를 깎고 중이 되었다. 자기 집을 절로 개조하여 초개사初開寺라 이름을 붙이고 밤낮으로 불교 공부에 전념하였다. 그러나 독학의 한계를 느끼게 되자, 당나라 유학을 결심하게 된다. 원효는 의상義湘과 함께 육로를 통하여 당나라에 가려다가 그만 고구려 군사에게 붙잡혀 감옥에 갇히게 되나, 우여곡절 끝에 몰래 도망쳐 나와 신라로 돌아올 수 있었다. 원효는 바닷길로 유학을 가려고 한다. 그는 8살 아래인 의상과 함께 길을 가다가 날이 어두워 어떤 동굴 속에 들어가 잠을 청하였다. 당시 신라는 땅을 파고 무덤을 만드는 수혈식竪穴式 무덤이 유행이었다. 그러나 백제나 고구려는 땅 위에 무덤을 만들고 문을 달고 그 안에 시체를 안치하는 횡렬식橫列式 무덤이 유행하였다. 그렇기 때문에 고구려나 백제무덤은 신라무덤보다 도굴하기가 훨씬 쉬웠다. 오래된 횡렬식 무덤은 비를 피하기가 안성맞춤이었다.

모든 것은 마음이 짓는다

원효는 밤에 목이 말라 더듬거리며 손에 잡히는 바가지로 물을 떠서 마셨다. 시원함이 감로수 같았다. 아침에 일어나 보니 자기가 밤에 마신 그 물은 해골에 고인 빗물이었음을 알게 된다. 구역질이 났다.

그 순간 한 생각이 그의 머리에 떠올랐다. 깨끗하고 더러운 것은 물이나 해골바가지에 있는 것이 아니라 자기 마음에 있다는 것을 깨닫게 되었다. 그 순간 그는 한 가지 생각이 일어나니 만 가지 법이 일어나고, 한 생각이 사라지니 만 가지 법이 사라진다는 화엄경의 핵심 가르침인 일체유심조一切唯心造의 진리를 확연히 깨치게 된 것이다. 진리는 당나라나 불교서적 속에 있는 것도 아니고 마음속에 있다는 진리를 깨친 원효는 유학길을 포기하고 다시 신라로 돌아온다. 당시 함께 했던 의상은 당나라로 유학을 가서 지엄화상 밑에서 수학하고 돌아와 지금 영주 부석사를 중심으로 화엄종을 열었다.

원효는 분황사에 머물면서 대승기신론소를 비롯하여 200여 종에 이르는 불교경전들의 해설서를 저술하였고, 이로 인하여 그의 명성은 신라 전역에 퍼지게 되었다. 당시 신라에는 다양한 불교 종파들이 자기 종파가 옳다고 서로 쟁론을 일삼고 있었는데, 원효는 서로 다른 종파들의 가르침을 요약해보니 그 가르침들은 서로 다른 것이 아니라 하나라는 결론에 도달하였다. 10개 종파의 다툼을 화합시킨다는 의미에서 십문화쟁론十門和諍論을 주창했던 것이다. 존재하는 모든 것이 공한 줄 깨닫게 되면, 화쟁은 저절로 된다는 것이 그 핵심내용이다. 원효의 화쟁사상和諍思想은 중국에서 용수의 중론中論보다도 더 뛰어난 대승사상으로 인정받았다.

민중으로 화신化身한 원효

하루는 원효가 외출했다가 분황사로 돌아오는 길에 대안대사를 만났다. 신라에는 자장율사처럼 불교를 국가정책화하거나 의상대사처럼 학문적으로 체계화한 승들도 많았지만, 출신이 불분명한 천민 출신 고승들도 있었다. 대안대사는 그 중의 한 분인데, 그는 절에 살지 않고 경주 남산에서 움막을 짓고 살았다. 어느 날 어미 잃고 울고 있는 너구리 새끼를 한 마리 데려다 키웠다. 그는 동네를 돌아다니며 사람 젖을 빌어서 먹여 너구리 새끼를 키웠다. 대안대사는 누구를 만나든지 항상 "대안大安"이라고 인사했다. "큰 평화가 있을 지어다"라는 뜻이다. 그래서 붙여진 이름이 대안이다.

대안대사는 원효에게 "내가 당신 책을 잘 읽었습니다. 내가 물어볼게 있으니 시간을 내주십시오." 그는 원효를 분황사 뒷산에 천민들이 사는 동네인 동천東川으로 데리고 갔다. 어느 주막집에 들어가 주모를 부르며 술 한 상을 부탁했다. 그러나 원효는 그것이 승려의 본분에 어긋난다는 생각이 들어, 그냥 자리에서 일어나 나왔다. 대안대사가 불러도 원효는 뒤도 돌아보지 않고 발걸음을 재촉했다. 뒤돌아가는 그를 보며 대안이 소리쳤다. "원효대사, 마땅히 구제받아야 할 중생을 지금 여기에 두고, 자네는 어디에 가서 별도로 중생을 구제하겠다는 말인가!"

천민촌의 고통 받는 중생을 여기에 두고, 그들을 더럽다고 피하면서 중생구제라는 것은 얼토당토않다는 소리다. 대안대사의 소리가 원효의 머릿속에 깊이 박혔다. 중생과 부처가 둘이 아니고, 귀하고 천한 것이 둘이 아니다. 생과 사가 둘이 아니고, 색과 공이 둘이 아니다. 이러한 불이법문不二法門을 머리로는 인식을 했지만, 원효는 막상 경계에 부딪히게 되자, 분별심이 작동했다. 여기는 내가 있을 곳이 못된다고 생각했고, 원효는 발길을 돌렸던 것이다. 그는 더러움을 멀리하고 깨끗한 것을 취했던 것이다.

성과 속, 부처와 중생, 깨끗한 것과 더러운 것이 둘이 아님을 몸으로 수행하기 위하여, 원효는 자기 신분을 숨기고 변복을 하고 감천사甘泉寺로 간다. 그곳에서 밥하고 빨래하고 청소하는 등 온갖 궂은일을 도맡아 하며 부목살이를 한다. 그러나 얼마 안 있어 신분이 탄로나자 야밤에 도주를 하게 된다.

원효는 천민촌으로 다시 갔다. 이제 중생을 구제하러 간 것이 아니다. 그들의 친구가 되려고 갔다. 그러나 천민들은 그 유명한 원효가 왔다는 소식을 듣고 몰려들었다. 그들은 그 유명한 원효를 하늘처럼 떠받들었다. 그들의 친구가 될 수 없었던 것이다. 원효는 생각했다. "왜 그럴까?" 소위 그 '유명한 원효'가 문제였다. 그는 그 유명한 원효를 버려야겠다고 생각했다. 천민들의 친구로 살기 위해서는 그 유명한 원효라는 껍질을 깨는 길밖에 없었다.

요석공주와의 스캔들은 그 유명한 원효의 명성을 여지없이 추락시켰다. 이제 원효는 미친놈, 파계한 놈으로 낙인찍히게 되었고, 어느 누구도 그를 받아주는 곳이 없었다. 세상 사람들로부터 손가락질을 받고 오갈 데 없는 원효, 파계하여 죄지은 놈, 천민들이 보기엔 이제 원효는 그들과 형편이 비슷한 사람이었다. 그래서 움막을 하나 마련해 주어 그 동네에 살도록 하였다. 그때에서야 원효는 천민들의 친구가 될 수 있었다.

원효의 친구 중에 뱀을 잡는 땅꾼이 있었다. 그래서 그의 이름이 사동蛇童이었다. 어느 날 사동의 어머니가 돌아가셨다. 사동은 원효에게 어머니 장례를 치러야 하는 데 도와달라고 했다. 그들은 시신을 가마니 떼기로 둘둘 말아 둘이 어깨에 짊어지고 동네 밖으로 나갔다. 시신을 묻기 전에 사동이 원효에게 말했다. "야, 마지막 가시는 길이니 염불이나 해 달라!" 원효는 간단하게 염불을 했다. "태어나지 말지어다. 죽는 것은 괴로움이요, 죽지 말지어다. 태어나는 것은 괴로움이다." 사동이 말했다. "야, 먹물 친구야, 왜 이리 말이 많으냐, 좀 짧게 해라." "그래, 알았다. 새로 할께." "생사고生死苦!" 그때서야 사동은 "됐다"고 했다.

여기에는 가르치는 것이 없다. 그러나 깨우친다. 가르치는 자와 배우는 자가 있는 게 아니라, 가르치는 자도 배우는 자도 없는 세계에서 중생은 스스로 깨우쳐나간다. 그 이후에는 원효의 행적은 어떠했는가? 누가 원효이고 누가 천민인지 알 수 없었다. 원효라는 자아가 없어져버렸고, 천민이 되어 천민의 하나로 살았다. 농사일을 하면 농사꾼이 되어버리고, 백정일을 하면 백정이 되어버린다. 장사일을 하면 장사꾼이 되어버리고, 민중과 동고동락하는 삶을 살면, 아예 민중이 되어버리는 것이다. 이를 화신化身이라 한다.

천민촌에 들어간 이후 원효의 행적은 찾아볼 수 없다. 그 어떠한 기록도 남아있지 않다. 그러나 신라의 방방곡곡에 원효의 흔적이 없는 곳이 없다. 원효는 자기를 버림으로써, 민중 속에서 수많은 원효로 다시 태어났던 것이다. 이것이 화엄경이 말하는 사사무애법계事事無碍法界의 세계다. 먹기를 탐하고 포도주를 즐기셨던 예수, 세리와 죄인의 친구로 살았던 예수, 이러한 예수의 삶 속에서 우리는 민중의 구원자로 군림하는 예수가 아니라, 민중과 동고동락하는 예수를 만난다. 민중과 하나 된 예수, 아예 민중이 되어버린 예수를 만난다. 예

수는 진흙탕 속에서 물들지 않는 한 송이 연꽃으로 산 것이 아니라,
한 송이 연꽃을 피우는 진흙으로 살았던 것이다. 인간이 되어버린 하
나님, 민중이 되어버린 예수, 실은 연약하여 수난과 온갖 수모를 당하
고 십자가에 처형당한 예수, 민중의 한 사람으로 화신化身한 예수에게
서 우리는 인류를 구원하신 하나님 아들의 참 모습을 발견하게 된다.

제11장
화광동진和光同塵의 예수

유대인 예수의 얼굴

미국의 과학전문지『포퓰러 미케닉스*Popular Mechanics*』2002년 12월 호는 커버스토리로 '예수의 얼굴'을 실었다. 이 작품은 종교가와 과학자에 의해서 공동으로 제작된 작품인데, 성서고고학자와 컴퓨터 최첨단 기술을 전공하는 학자들이 동원되어 기원 1세기경 팔레스타인에 살았던, 30대 유대인 남성의 얼굴을 복원하였다. 그을린 갈색 피부에 매부리코, 짧게 깎은 곱슬머리 …, 약 152cm의 키에 50kg의 몸무게를 가졌을 것으로 추정된 예수의 얼굴은 아예 흑인의 얼굴에 가까웠다. 우리가 흔히 볼 수 있는 건장한 서양 청년의 모습을 하고 있는 예수와는 거리가 멀었다. 물론 이것이 역사적 예수의 실제 얼굴이라고 볼 수는 없을 것이다. 그럼에도 불구하고 우리의 머릿속에 떠오르는 예수상은 서양 예술가들이 이상으로 삼고 있던 그들의 예수상이지, 역사에서 실제로 살았던 예수와는 무관하다.

최근에 들어 '역사적 예수'의 문제가 일반대중의 관심사로까지 확대된 계기로는 멜깁슨 감독의 영화『패션 오브 크라이스트』와 댄 브라운Dan Brown의 소설『다빈치 코드』의 출판일 것이다. 멜깁슨의 영화는 역사적 예수가 누구냐에 대한 관심보다는 그 예수가 당한 수난의 사실적 묘사에 관심을 집중하고 있다면, 댄 브라운의 소설은 초창기 기독교에서 이단으로 몰린 초대 영지주의 기독교 문헌들에 근거하여 역사적 인간 예수의 모습을 하나의 소설 형식을 빌려 새롭게 조명하고 있다.

'역사의 예수 탐구'의 성과

역사적 예수에 대한 '제3의 탐구'는 어떠한 학문적 성과를 내고 있으며, 그것이 우리에게 새롭게 제시하는 예수의 모습은 어떤 모습인가? 우리는 거기에서 어떤 새로운 신앙의 가능성을 엿볼 수 있는가? 제3탐구의 성과를 한마디로 요약한다면 그것은 예수와 그의 메시지인 하나님 나라를 '비묵시적'으로 그리고 '비종말론적'으로 본다는 것이다. 지금까지는 예수와 하나님의 나라를 묵시주의적이고 종말론적으로 이해하는 경향이 지배적이었다. 오늘날의 역사적 예수 연구는 이러한 경향성에 일대 수정을 요구하며 새로운 기독론적, 교회론적, 그리고 선교론적 성찰을 요구하고 있다.

묵시사상의 해체

케제만은 묵시주의apocalyptic가 "모든 기독교 신학의 어머니"라 했다. 하지만 예수가 실제로 묵시주의자였는지 그리고 그의 하나님 나라 메시지가 어느 정도로 묵시주의적 경향을 띠는지에 대해서는 의견이 분분하다.

샌더스E. P. Sanders, 베르메스Geza Vermes, 마이어John P. Meier와 같은 학자들은 슈바이처 이후 강력하게 자리잡아온 묵시주의적 예수

이해, 곧 예수는 유대 묵시가였다는 입장을 지지한다. 허나 이에 맞서 맥Burton Mack, 크로쌴D. Crossan, 보그M. Borg와 같은 학자들은 가장 오래된 예수의 전승층에는 묵시주의적인 종말의 기대가 존재하지 않는다고 주장한다.

크로쌴은 예수가 처음에 세례요한의 제자로, 따라서 묵시주의의 신봉자로 사역을 시작한 것은 사실이나(아마도 세례요한의 처형 이후), 예수는 그와 같은 묵시주의적 노선을 버렸다고 주장한다. 크로쌴은 문헌적 증거로써 '금식하는 세례요한'(fasting John, 막2:18~20)에 대비되고 있는 '잔치를 벌이는 예수'(feasting Jesus, 마11:18~19 ; 눅7:33~34)이다. 즉 요한이 묵시적 금욕주의를 살았다면 예수는, '먹보'요 '술꾼'이라 불렸던 것처럼, 민중으로 화신化身하는 삶을 살았다는 것이다.

묵시 종말론의 해체

현대 역사적 예수 연구에서 종말론에 관한 뚜렷한 견해일치는 없다. 샌더스는 예수를 유대교적 갱신의 신학전통에 서 있는 종말론적 예언자라고 주장하는 반면, 맥은 예수에 대한 어떠한 종류의 종말론의 적용도 철저히 거부한다. 크로쌴은 '묵시적 종말론apocalyptic eschatology'을 거부하고, 보그는 '임박한 종말론imminent eschatology'을 거부한다. 피오렌자와 호슬리의 경우에는 예수 전통의 사회정치적 읽기를 시도하면서, 사회정치적 변화를 추동하는 종말론을 옹호한다.

이렇듯 명확한 합의점은 없지만 최근 역사적 예수 연구는 예수와 하나님 나라를 비종말론적으로 보려는 경향성이 강하다. 예를 들어 예수를 비종말적 사회 예언자로 보는 보그는, 예수의 중심적 메시지가 임박한 세상의 종말인 것처럼 잘못된 인상을 주는 것은 대부분 마가복음 탓이라고 주장한다. 그는 마가복음이 '전시戰時 복음서 wartime Gospel'임을 상기시킨다. 즉 주후 66~70년 로마에 항거해 일어난 유대전쟁의 와중에서 이 복음서가 쓰였기 때문에 그 안에 임박한 세상의 종말에 대한 기대가 강하게 스며들었다는 것이다. 물론 보그 주장의 요지는 예수가 하나님의 나라를 말할 때 여러 가지 뉘앙스 중의 하나로서 종말론적인 뉘앙스를 말했을 뿐이지, 그것이 하나님 나라 전체를 지배하는 중심 사상이 아니라는 것이다. 이와 같이 역사적 예수에 대한 제3탐구의 특징은 예수와 하나님 나라를 종말론적으로 보는 렌즈를 벗기려 한다는 점이다. 그렇다면 그들이 제시하고 있는 새로운 예수상은 어떤 것인가?

'지혜전통'의 복원

현재 역사적 예수 연구 운동에서 나타나고 있는 두드러진 특징 중의 하나는 예수를 '현인賢人sage' 혹은 '지혜 교사wisdom teacher'로 보는 것이다. 물론 여기서 말하는 지혜란 '관습적인 지혜conventional wisdom'가 아니라 '전복적 지혜subversive wisdom'이다.

관습적인 지혜란 어떤 기존 사회의 가치나 질서를 유지하기 위한 지혜를 말하며, 보통 도덕이나 윤리 또는 '전통'이라는 이름 아래 가족, 부, 명예, 그리고 종교행위 등과 연관되어 나타난다. 전복적顚覆的인 지혜란 물론 이러한 관습적인 지혜들에 정면으로 대립되는 것으로서 반反 사회질서counter-order의 성격을 띠고 나타난다. 가장 오래된 예수 전통의 층은 지혜 전승이라는 것이다.

예수의 촌철살인 같은 짧은 경구말씀aphorism이나 비유 말씀 parables은 전형적인 지혜양식에 속한다. 예수의 귀신추방 이야기들은 복음서의 가장 오래된 전승층에 속한다. 그것은 솔로몬의 지혜와 연계되어 있다. 예수는 '먹는 일'과 '마시는 일,' 그리고 '잔치를 베푸는 일'을 강조하였다. 이것은 삶의 기쁨Joie de Vivre을 누리고 살면서 일상적인 삶을 떠나서는 진리가 있을 수 없다는 처세적인 지혜전통에서 볼 때 가장 잘 이해된다. 어린아이들을 높이 평가하고, 금식보다 잔치로 인생을 즐기며, 율법적으로 깨끗하고 더러운 것을 잘 지키는 것에 가치를 두지 않는 예수의 언행도 지혜전통에서 볼 때 잘 설명될 수 있다.

지혜는 "이 세상 안에 계시는 하나님의 현존에 대한 가장 인격적이고 강력한 표현"일 뿐만 아니라, 최초의 그리스도론Christology은 곧 지혜 그리스도론sophia-Christology이었다. 즉, 예수 사후 20년 내에 다양하게 발달했던 여러 가지 유형의 그리스도론은 모두 유대교의 지혜사상을 그 모태로 하고 있다.

그렇다면 왜 그리고 어떻게 예수의 원原 전통인 지혜전통이 '정통' 기독교 역사에서 후퇴했는가? 요한복음 이전의 기독교인들은 예수를 소피아와 연결시키는 것에 어려움을 느끼지 않았다. 하지만 요한이 지혜(소피아)를 말씀(로고스)으로 대체한 것은 당시의 기독교 공동체가 가부장적 구조로 변모하고 있던 맥락과 일치한다. 즉 소피아가 억압되는 과정은 곧 교회 안에 성차별주의sexism가 성장하는 과정과 정비례한다. 초기의 기독론은 소피아 대신 '로고스' 혹은 '아들'이라는 개념을 사용하게 되었고, 소피아는 예수의 어머니인 나사렛의 마리아에게 전가되었다.

피오렌자에 의하면 현인이자 '지혜(소피아)의 예언자'로서의 예수는 삶 속에서 은혜로운 하나님을 찾고자 하는 우리의 끊임없는 노력을 중재해 준다. 그러나 지혜전통은 예수의 하나님나라 운동의 핵심인 '가난한 사람들의 복음'을 도외시할 위험성이 있고, 비정치화, 개인주의화, 내재화의 위험성을 지니고 있다.

많은 경우 복음서에 담긴 지혜전통은 당시 여성과 가난한 사람으로 대변되는 민중의 지혜*wisdom of minjung*를 반영하고 있음을 볼 수 있다. 가난한 사람들의 작은 이야기들, 곧 그들이 먹고 마시고, 질병에서 놓여나 건강을 회복하고, 잔치를 베푸는 '일상적 삶'의 이야기들이 복음서가 전하는 예수 이야기의 중심을 형성하고 있다. 지금 굶주리고, 목마르며, 버림받고, 살면서 좋은 일이라고는 찾아볼 수 없는 사람들에게는 그런 '하찮아 보이는 것들'이 곧 '궁극적 관심사'이다. 지혜전통은 바로 민중의 '작은 이야기*small story*' 속에서 하나님의 숨결과 은혜와 자비와 소망을 읽어내도록 우리를 인도한다.

역사적 예수에 대한 제3의 탐구는 우리의 관심을 묵시적이고 종말론적인 기독교 복음의 거대담론巨大談論에서 민중의 일상적인 삶의 고통을 해결해 주는 작은 담론小談論으로 돌리게 한다. 초대 기독교 예수 운동의 큰 이야기big story와 작은 이야기small story, 곧 묵시적 종말사상과 지혜사상은 기독교 복음에서 하나로 융합되어 있다.

무상급식과 무상치유 공동체

크로싼은 '치유healing'와 '먹기eating'라는 두 단어를 예수운동의 핵심 내용으로 결합하고 있다. 예수의 하나님나라 운동은 곧 민중의 영적인 치유와 음식의 나눔을 근간으로 하는 밥상 공동체 운동이다. 밥상은 한 개인의 삶뿐만 아니라 한 사회의 축소판이며 우주의 축소판이다. '열린 식탁공동체open table community' 운동이야말로 예수의 하나님나라 운동의 성격을 나타낸다. 예수의 하나님 나라는 단지 상징적으로가 아니라 실제로 굶주린 사람들이 함께 먹을 것을 나누는 사회저변의 '열린 식탁 운동open table movement'이었다는 것이다.

어거스틴 이래 중세교회는 하나님 나라의 '나라basileia'를 일종의 영토적 실재로 이해했다. 그러나 달만Gustav H. Dalmann이 그리스어 '바실레이아'의 히브리어에 해당하는 '말쿠트malkuth'가 '하나님의 왕권적 통치God's kingly rule'를 의미한다고 밝힌 이래, 오늘날 대부분의 학자들은 '바실레이아'를 더 이상 영토적 개념으로 이해하지 않는다. 또한 오늘날 대부분의 학자들은 '바실레이아'를 헬레니즘 문명권 속에 널리 퍼진 로마 황제의 통치에 대치되는 '정치권력에 관한 하나의 담론'으로 이해하고 있다.

복음서에서 하나님 나라는 미래성과 현재성을 동시에 담고 있다. '미래적인 하나님 나라'와 '현재적인 하나님 나라'가 동시에 나타난다. 우리는 하나님 나라에 들어가기도 하며'(막9:47), 그 나라는 지금 이곳에 임하기도 한다(마12:28). 바리새인들이 하나님의 나라가 언제 임하느냐고 묻자 예수는 "하나님의 나라는 (이미) 너희 가운데 있다"(눅17:21)고 대답하였다.

예수는 하나님 나라를 결코 개념화하지 않았다. 그는 비유를 통해서 하나님 나라가 임하는 모습을 묘사하였다. 하나님의 나라는 '보아라,

여기 있다' 또는 '저기 있다' 하고 말할 수 없다. 눈으로 볼 수 있는 모습으로 오는 것이 아니다(눅17:20). 이 세상에 감추인 것, 신비한 것, 그래서 인간의 그 어떤 말로도 형용할 수 없는 것이기에 예수는 늘 "하나님의 나라는 …와 같으니"와 같은 비유로 소개하였다.

하나님 나라 비유 가운데 겨자씨 비유가 있다(막4: 30-32; 마13:31-32; 눅13:18-19; 도마20:1-4). 마가복음의 본문은 다음과 같다: **예수께서 말씀하셨다. 우리가 하나님의 나라를 어떻게 비比할까? 또는 무슨 비유로 그것을 나타낼까? 겨자씨와 같으니, 그것은 땅에 심을 때에는 세상에 있는 어떤 씨보다도 더 작다. 그러나 심고 나면 자라서, 어떤 풀보다 더 큰 가지들을 뻗어, 공중의 새들이 그 그늘에 깃들 수 있게 된다.**

그런데 예수는 많은 식물 가운데 왜 하필이면 하나님 나라를 겨자씨에 비유하는가? 겨자풀은 다년생 나무도 아니고 일년생 잡풀에 불과하다. 백향목처럼 크게 자라나서 새들이 가지에 둥지를 틀 수도 없다. 겨자풀은 강인하고 생명력이 강하기 때문에 땅 위에 급속히 번지면서 토양을 망가뜨리고 다른 식물의 성장을 방해한다. 겨자풀은 어디서나 장소의 구별 없이 쉽게 번식하기 때문에 통제하거나 솎아내기 어려운 특성이 있다. 유대 농민들이 기피하던 일종의 야생 잡풀이 겨자풀이다.

하나님 나라는 바로 이와 같다는 것이다. 유대사회에서 잡풀 같이 살아가는 민초들, 로마제국과 헤롯왕국의 식민통치 밑에서 끈질긴 생명력을 이어가고 있는 유대사회의 밑바닥 인생들, 기득권 세력에 의해서 죄인으로 낙인찍힌 민초들의 나라가 다름아닌 '하나님 나라' 라는 것이다.

예수는 유대 민초들의, 민초들에 의한, 민초들을 위한 바실레이아를 선포했을 뿐만 아니라, 그들과 몸으로 부대끼어 직접 살았다. 예수의 바실레이아 운동은 당시 유대사회의 질서에 대한 커다란 도전이 아닐 수 없었다. 당시 유대사회는 철저히 이분화 된 사회였다. 유대인과 이방인, 정결한 사람과 부정한 사람, 의인과 죄인, 부자와 가난한 사람, 건강한 사람과 병든 사람, 기득권자들과 밑바닥 민중으로 이분화 되었다. 당시의 '죄인들'은 개인 윤리적 개념이라기보다 사회 계층적 개념이었다. 생계를 유지하기 위해 어쩔 수 없이 율법을 지킬 수 없던 사람들이었다. 가난한 자, 눈먼 자, 절름발이, 앉은뱅이, 문둥이, 창녀, 세리, 귀신들린 사람들이 죄인으로 불렸다. 예수는 이 죄인들과 함께 먹고 마셨다. 그들과 밥상 공동체를 형성한 것이다. 기득권 세력은 예수를 '먹보'요 '술꾼'이요 '세리와 죄인의 친구'라고 비난했다. 이러한 비난에 대해서 예수는 답한다: "나는 의인을 부르러 온 것이 아니라 죄인을 부르러 왔다."고 하였다.(막2:17) 하나님 나라는 이 세상 속에 '겨자풀'처럼 번진다. 탐욕과 이기심으로 가득 찬 이 세상 속에서 하나님 나라는 끈질긴 생명력을 발휘하면서 나눔과 섬김과 치유와 사랑의 새 질서를 만들어 간다.

예수의 화광동진和光同塵

예수는 위로는 하나님과 하나 되고, 아래로는 민중과 하나 되는 삶을 살았다. 위로는 빛과 하나 되고, 아래로는 티끌과 하나 되는 화광동진의 삶을 살았던 것이다. 바울은 그리스도인을 이렇게 정의한다: "내가 그리스도와 함께 십자가에 못 박혔나니 그런즉 이제는 내가 사는 것이 아니요 오직 내 안에 그리스도께서 사시는 것이라. 이제 내가 육체 가운데 사는 것은 나를 사랑하사 나를 위하여 자기 자신을 버리신 하나님의 아들을 믿는 '믿음 안에서en pistei' 사는 것이라"(갈2:20). 바울이 말하는 바처럼, 내 안에 그리스도께서 사는 사람은 누구를 가리키는가? 곧 내 안의 진정한 자아가 그리스도로 대체replace된 사람을 뜻한다. 나와 그리스도의 관계가 하나도 아니면서 그렇다고 다른 것도 아닌 관계에 있는 사람을 말한다. "믿음 안에en pistei" 산다는 것은, 곧 나와 예수가 하나도 아니고 그렇다고 해서 다른 것도 아닌 불일불이不一不異의 관계에 있음을 깨닫고 사는 것임을 말한다.

예수에 관한 믿음faith about Jesus은 '예수의 믿음faith of Jesus'으로 바뀌어야 한다. 예수에 관한 믿음은 무엇인가? 예수를 믿어 덕 보자는 신앙이다. 예수의 믿음을 갖는다는 것은 무엇을 뜻하는가? 예수처럼 믿고, 살고 실행하는 신앙을 갖는 것을 말한다. 예수 믿어 덕 보자는 신앙이 아니라, 예수의 십자가를 조금이라도 함께 나누어지고자 하는 신앙을 말한다. '예수 믿기'는 '예수 살기'로 나아가야 하고, '예수 살기'는 '예수 믿기'에 근거해야 한다. 그것은 곧 예수 안에서 거듭나고(예수 믿기), 예수와 더불어 이웃과 세상을 향하여 거듭남(예수 살기)을 뜻한다. '예수 믿기'와 '예수 살기'는 택일의 문제가 아니다. 둘이 믿음 안에서 하나로 통전統全될 때, 예수가 추구했던 화광동진의 하나님 나라는 우리의 현실이 될 것이다.

신명기 역사관

구약성서에는 신명기사관申命記史觀이라는 것이 있다. 신명기를 기록한 역사가들이 이스라엘 역사를 보는 독특한 시각을 일컬어 신명기 사관이라 말한다. 하나님은 아브라함을 갈대아 우르에서 불러내어 그와 계약을 맺는데, 아브라함의 후손은 하늘의 별처럼 그리고 바닷가의 모래알처럼 번성하게 될 것이라는 약속이 그것이다.

하나님과 아브라함 사이에 맺은 이 약속은 이스라엘 역사를 통해서 실현된다. 그런 의미에서 폰 라드G. von Rad는 이스라엘 역사를 이 약속이 실현되는 하나님의 구원 역사Heilsgeschichte Gottes라고 부른다. 아브라함의 후손들은 여러 족장들의 시대를 거쳐, 우여곡절 끝에 애굽으로 이주하게 되고, 파라오의 노예가 되어 비참한 생활을 한다. 그들은 하나님께 살려달라고 부르짖고, 하나님은 그들의 부르짖음에 귀를 기울이신다. 하나님은 호렙산에서 양을 치며 생계를 이어가던 모세를 택하여, 그를 애굽의 통치자 파라오에게 보낸다. 그리고 히브리 노예들을 파라오의 멍에로부터 해방시킨다.

이스라엘 백성은 모세의 인도로 40년 동안 광야에서 생활하게 된다.

모세는 시내산에서 하나님으로부터 십계명을 받는다. 이 십계명을 기초로 하여 이스라엘 해방 공동체의 생활규율이 작성된다. 그것이 토라(율법)이다. 모세에게 주신 하나님의 말씀인 토라야말로 수천 년에 걸쳐 내려온 이스라엘 해방공동체의 삶을 규정하는 절대적인 잣대가 되었다.

신명기를 기록한 역사가들은 토라와의 관계성 속에서 이스라엘 역사를 반성하면서, 한 가지 법칙을 발견하였다. 이스라엘 민중이 토라를 잘 지키면 하나님께서 그들을 구원과 축복으로 인도하며, 토라를 어기고 죄를 짓는 삶을 살면 징벌과 채찍으로 다스리신다는 것이다. 이스라엘 역사의 중심에는 토라가 서있고, 하나님의 구원과 심판의 역사는 이 토라를 중심으로 인과응보적인 지평에서 교차되는데, 이를 신명기 사관이라고 부른다. 이스라엘의 종교가 율법종교로 불리는 이유가 여기 있다.

신명기 28장에 보면, 이스라엘이 받을 축복이 상세하게 기록되어 있다. 너희 성읍이 복을 받고, 들에서도 복을 받을 것이며, 태아가 복을 받고, 땅이 복을 받을 것이다. 집짐승이 복을 받고, 너희 광주리도, 반죽 그릇도 복을 받을 것이다. 너희는 들어와도 복을 받고 나가도 복을 받을 것이라는 것이다. 그런데 여기에는 한 가지 전제가 붙는다. 하나님의 말씀, 곧 토라에 순종하는 삶을 살 때, 그런 한에서 축복이 약속된다.

이 전제를 뒤집어 보면 어떤가? 율법을 거역하는 삶을 살 때는 축복이 아니라 하나님의 채찍과 징벌을 받게 된다는 것이다. 토라에 순종하면 복을 받고, 거역하면 징벌을 받는다는 신명기적 사관은 이스

라엘 민중의 삶을 규정하면서, 그들의 중요한 신앙고백으로 자리
잡았다.

의인의 고난

그런데 구약성서에는 이와 다른 형태의 신앙 전통도 등장한다. 동
방에 제일가는 부자 욥에 관한 이야기가 그것이다. 욥은 하나님을 경
외하며 악을 멀리하고 가난한 이웃을 잘 보살피는 사람이었다. 하나
님의 율법을 잘 지키고 순종하는 사람이었다. 그런데 어느 날 그에게
까닭을 알 수 없는 재앙이 닥쳐온다. 하루아침에 그 많은 재산과 자
식들을 다 잃고 부인까지 곁을 떠난다. 욥은 알거지가 되어 불타버린
잿더미 위에서 기왓장으로 가려운 데를 긁고 있는데, 이때 욥의 친구
들이 위로차 찾아온다. 엘리바스가 재난을 당하고 있는 욥에게 충고
한다. 하나님은 공의로 심판하시는 분이기 때문에, 까닭 없이 징벌하
시지 않는다는 것이다. 네가 이러한 재앙을 당하는 것은 죄에 대한
응보이니, 하나님 앞에 무슨 죄를 지었는가를 살피고, 회개하라고 말
한다. 엘리바스의 충고는 인과응보적인 신명기 사관을 대표한다. 인
간이 당하는 모든 고난은 그가 지은 죄에 대한 하나님의 형벌이라는
사상이 깔려 있다.

그러나 욥은 엘리바스의 충고를 거부한다. 자기는 하나님과 사람
앞에 죄를 지은 적이 없으며 떳떳하다는 것이다. 자기가 당하는 고
난은 죄의 업보가 아니라는 것이다. 인과응보적 논리로 설명할 수 없
는 차원, 하나님의 구원과 징벌, 축복과 재앙이라는 이분법적 신앙논
리로 설명할 수 없는 차원이 우리의 삶 속에 존재한다는 사실을 욥은

우리에게 환기시켜준다.

욥기는 당시 이스라엘 사회를 지배하던 인과응보적 기복신앙에 대하여 회의를 하며 근본적인 질문을 던지고 있다. 내가 영혼이 잘 됨같이 범사가 잘 되고 강건한 것은 율법을 잘 지키고, 하나님 말씀에 순종하며 신앙생활을 잘 했기 때문에, 그 결과로 받은 축복이라는 사실, 내가 시련을 당하고 고난을 겪는 것은 불순종에 대한 업보라는 사실, 이런 신앙양태에 대하여 욥은 항거한다. 하나님 말씀에 순종하는 삶을 사는 사람도 시련을 당할 수 있고, 의로운 사람도 고난을 겪을 수 있다는 것이다.

악인이 활개치며 잘 사는 부조리한 사회의 현실, 선하고 의로운 사람이 고통을 당할 수밖에 없는 모순에 가득 찬 사회현실을 경험하면서, 인간사를 단순히 하나님의 축복과 징벌이라는 이분법적인 도식으로 평가하고, 그것에 따라 희희낙락하거나 절망해서는 안 된다는 사실을 욥기는 우리에게 말해준다.

새옹지마 이야기

중국 한나라의 유안劉安이 편집한 『회남자淮南子』라는 책이 있다. 이 책의 「인간훈人間訓」이라는 장에 보면, 화복동문禍福同門라는 말이 나온다. 인간사에서 화와 복은 원래 같은 출처를 가진다는 말이다. 이어서 화복동문의 예를 드는데, 변방에 사는 어느 지혜로운 늙은이에 관한 고사가 나온다. 일명 새옹지마로 일컬어진다.

변방의 작은 마을에 어느 늙은이가 살았다. 그는 아주 좋은 말을 기르고 있었는데, 어느 날 그 말이 변방을 넘어 오랑캐가 사는 지역으로 도망갔다. 그러자 동네 사람들이 와서 위로를 한다. "얼마나 상심이 크십니까?" 그런데 노옹은 슬픈 기색도 없이 태연하게 말한다. "오늘의 화가 내일의 복이 될 수도 있는 것이니, 지금의 슬픔을 어찌 기쁨이라 부르지 않으리요!"(此何遽不爲福乎!)

수개월이 지났을까, 어느 날 그 도망갔던 말이 오랑캐 지역의 아주 훌륭한 말 한 필을 달고 돌아왔다. 동네 사람들은 노인에게 와서 축하 인사를 한다. 그러나 노인은 전혀 기쁜 내색을 하지 않고 말한다. "오늘의 복이 내일의 화가 될 수도 있으니, 지금의 기쁨을 어찌 슬픔이라 부르지 않으리요!"(此何遽不爲禍乎!)

새옹에게는 외아들이 있었다. 그는 말타기를 즐겼다. 어느 날 그 아들은 새로 들어온 준마를 타고 달리다가 그만 말에서 떨어져 다리병신이 되고 만다. 그러자 온 동네가 초상집 분위기였다. 동네 사람들이 모두 찾아와 노인을 위로한다. 그러나 새옹은 슬픈 기색을 짓지 않고 말한다. "지금의 화가 내일의 복이 될 수도 있는 것이니, 지금의 슬픔을 어찌 기쁨이라 부르지 않으리요!"(此何遽不爲福乎!)

그리고 일 년이 지났다. 변방의 오랑캐들이 침략하여 전쟁이 일어났다. 마을에 있는 청년들은 모두 징발되어 전쟁터로 나갔다. 그리고 열 중 아홉이 목숨을 잃게 되었다. 그러나 새옹의 아들은 다리병신이었기 때문에 병역이 면제되어, 목숨을 보전할 수 있었다.

이야기는 여기에서 끝난다. 회남자는 이 고사 끝에 다음과 같은 해석을 덧붙인다. "고로 복이 화가 되고, 화가 복이 되는 것은 그 변화가 예측하기 어려워 그 끝을 알 수 없고, 그 이치가 깊어 측량할 수 없다."(故福之爲福, 禍之爲福, 禍不可極, 深不可測也) 인생만사를 단순하게 선과 악, 흑과 백, 재앙과 축복으로 이분화하고, 거기에 매여 안달하면서 살지 말라는 것이다. 우리가 인생을 살다보면, 까닭 없이 고난을 당할 때도 있고, 또 그 고난이 예기치 못한 행운을 가져올 때도 있다. 엄청난 행운을 거머쥐는 순간에, 이미 불행의 그림자가 드리워지는 것이 세상일이기도 하다.

새옹지마 고사는 우리가 소홀히 하기 쉬운 인생의 뒷면을 동시에 볼 수 있는 눈을 뜨게 해 준다. 인생의 한 면만 보고, 거기에 집착하는 순간 우리는 인생의 또 다른 면을 놓치게 된다. 인생의 양면兩面을 동시에 보고, 화와 복에 집착하지 않는 삶의 여유를 이 고사는 보여 준다. 지금 내가 얻고 있는 복이 화가 될 수도 있다는 사실, 지금 내가 당하는 고난이 복이 될 수도 있다는 사실을 생각하면서 사는 사람과 지금 얻고 있는 복을 내 인생의 전부로 착각하고, 거기에 집착하고 매달리는 사람이나, 지금 당하는 시련을 내 인생의 전부로 착각하고 실의와 좌절 속에서 헤어나지 못하는 사람 사이에는 큰 차이가 있을 것이다.

노자는 도덕경 13장에서 "총욕약경寵辱若驚, 귀대환약신貴大患若身"을 말한다. 사람에게 총애를 받으나 욕을 듣거나 다 같이 놀란 듯이 경계하라는 것이다. 큰 어려움을 당할 때 그것을 회피하거나 멀리하거나 불평하지 말고, 내 몸처럼 소중하게 여길 줄 알아야 한다는 것이다. 내가 당하는 화와 복, 그 자체에 대한 분별적 인식의 해체를 노자는 선언한다. 노자의 선언은 새옹의 담담한 삶의 자세와 상통하는 면이 있다.

이러한 삶의 모습을 우리는 바울에게서 발견한다. 신약성서 27권 중에 바울이 쓴 책이 절반에 이르는 13권이다. 그만큼 초대교회에서 바울의 위치가 중요함을 알 수 있다. 우리가 하나님의 아들로 고백하는 예수는 사실 교육도 제대로 받지 못한 촌부村夫에 불과하다. 팔레스타인의 북부 갈릴리에 등장하여 2·3년 동안 하나님 나라 복음을 선포하며 잠깐 왔다가 소리 없이 스쳐간 한 줄기 바람과 같은 분이다. 기독교를 이방세계에 전파하고, 세계적인 종교로 뻗어나갈 수 있도록 바탕을 마련한 분은 다름 아닌 바울이다.

바울은 길리기아의 다소라는 도시에서 태어나 어려서부터 헬라문화와 철학 그리고 유대 종교를 공부하여 디아스포라 유대 사회에서는 당대 최고의 지성인으로서 전도가 유망한 청년이었다. 거기에다가 그는 로마 시민권도 가지고 있었다.

바울의 고질병

그러던 바울이 다메섹에서 부활한 예수를 만나 회심回心하고, 이방인을 위한 사도가 되었다. 바울은 소아시아와 유럽지역을 세 차례나 돌면서, 가는 곳마다 교회를 세우고 복음을 전파하는 일에 혼신을 기울였다. 그는 복음을 전하면서 교회로부터 생계비를 받지 아니하였다. 스스로 텐트 수리공tent maker 노릇을 하며 생계비를 충당하였다(행20:34). 동학혁명 당시 해월 최시형이 전국을 돌아다니면서 동학을 포교할 때, 교도들에게 신세를 지지 않고, 스스로 멍석지기carpet maker를 하면서 생계를 유지한 것과 유사한 모습을 찾아볼 수 있다.

바울은 선교여행을 하면서, 수많은 기적을 행했다. 앉은뱅이를 고치고(행14:8-11), 죽은 사람을 살리며(행20:7-12), 열병과 이질에 걸린 환자를 고치기도 하였다(행28:7-10). 수많은 사람의 질병을 고쳐주는 바울이었지만, 막상 그의 몸에는 "육체의 가시*skolops te sarki*"가 있었다. 스코롭스는 꼬챙이, 바늘을 지칭하는데, 그의 몸에 바늘로 찌르는 듯한 고통을 주는 지병持病이 있었다는 것이다. 그 지병이 무엇인지 확실히 알 수 없다. 학자들은 안질·간질·관절염으로 추측한다. 이 고질병이 얼마나 괴롭던지 바울은 이를 사탄의 하수인이라고까지 부른다.

바울은 제발 이 고통스러운 지병에서 낫게 해달라고, 세 번씩이나 하나님께 간절히 간구한다. 그때 바울은 하나님으로부터 한 음성을 듣는다. "내 은혜가 너에게 족하다. 내 능력은 약한 데서 온전하게 된다." 여기에서 사용되고 있는 '약함*astheneia*'은 '신체적인 허약함,' '육체의 질병,' '무력함,' '경제적인 빈곤'을 뜻한다. 바울은 한계적 존재로서의 인간의 특성을 말할 때 '아스테네이아'라는 개념을 즐겨 사용한다. 인간의 특성은 '약함'이라는 것이다. '아스테네이아'에 대한 대립적 개념으로 그는 '듀나미스,' 곧 '파워'를 쓴다. 듀나미스는 하나님 또는 성령의 특성을 설명하는 대표적인 개념이다. 파워레스powerless가 인간의 특성이라면, 파워풀powerful은 하나님의 특성이다. 지상에서 하나님의 능력이 계시되는 장소가 어디인가? 하나님의 듀나미스가 온전하게 드러나는 장소는 어디인가? 인간의 약함이라는 것이다. 바울은 자기의 연약함*astheneia*을 업보로 생각하지 않는다. 자기의 고난을 하나님의 징벌로 이해하지 않는다. 하나님의 듀나미스power가 온전케 계시되는 장소로 이해한다.

하나님의 아들이 지배 권력에 의해서 십자가 위에서 처절하게 죽어 가는 장면이야말로, 연약함의 극치가 아닐 수 없다. 그런데 그 연약함의 상징인 십자가를 통해서 하나님께서는 인류를 구원으로 인도하신다. 하나님은 강자를 통해서가 아니라 약자를 통해서 당신의 구원을 이루어 가신다. 부유한 자가 아니라 가난한 자들을 통해서 하나님 나라를 확장시켜 나가신다. 건장한 자가 아니라 연약한 자를 들어서 당신의 도구로 사용하신다. 소위 말하는 의인에게서가 아니라 죄인에게서, 기득권자가 아니라 소외된 민중에게서 하나님 나라의 미래와 희망을 본다. 이것이 하나님의 구원 방식이다.

진리의 역설성逆說性

나의 연약함, 나의 고통, 나의 고질병, 나의 실패, 나의 역경, 내가 당하는 수난과 시련은 업보도 아니고 하나님의 징벌도 아니다. 그것은 하나님의 능력이 계시되는 장소이다. 이 음성을 들은 후, 바울은 더 이상 병 낫기를 위해서 기도하지 아니 하였다.

그 질병을 자기 몸의 한 부분으로 생각하고, 그것을 아끼고 사랑하며, 평생 동안 그것을 껴안고 살았다. 내가 병으로 고생할 때 오히려 하나님의 능력이 나타난다는 것, 내가 고난을 당할 때 오히려 하나님의 은혜가 온전하게 계시된다는 것, 내가 연약할 때 오히려 강해진다는 것, 인간은 고통 속에서 성숙한다는 것, 이러한 역설적인 paradoxical 진리를 바울은 깨달았다. 이것은 이성적 진리가 아니다. 하나의 체험적 진리에 속한다.

바울은 고난의 극복을 말하지 않는다. 나에게 닥치는 모든 환난과 고통을 내 몸처럼 아끼고 귀하게 여기라고 한다. 고난을 사랑하며,

그것을 벗 삼아 더불어 살 것을 말한다. 그러할 때, 그 고난이 우리를 영원한 구원에로 이끌어준다는 사실을 깨달아야 한다는 것이다.

예수와 제자들, 그리고 바리새인
렘브란트 1642, 124 × 171㎜

제13장
천지불인天地不仁의 하나님(시편147:1~4)

시온의 함락

기원전 1000년경 이스라엘을 통일한 다윗은 자기 고향인 예루살렘을 왕국의 수도로 정했다. 예루살렘은 높은 구릉 위에 위치해있고, 두꺼운 성벽으로 둘러싸여 있기 때문에, 천혜적인 방어조건을 갖춘 난공불락의 요새였다. 예루살렘에는 풍부한 수자원이 있었고, 주민들은 적의 공격에 대비하여 성벽 안에 항상 생필품을 보관해놓았기 때문에, 그들은 외국군에 의해서 포위를 당해도 상당기간 동안 버틸 수 있었다.

방어벽 뒤에는 솔로몬이 건축한 야훼성전이 웅장한 자태를 드러내고 있다. 높은 언덕 위에 위치한 야훼성전이 석양빛을 받으면 황금빛으로 반짝거려 멀리 남쪽에서 바라보면 마치 하늘과 땅이 맞닿은 천상의 도성처럼 보였다.

예루살렘은 4백 년 동안 외국인의 침략을 한 번도 받지 않았다. 천혜적天惠的인 방어 조건도 그 이유 중에 하나이겠지만, 유대인들은 성전에 계신 야훼 하나님께서 예루살렘을 지켜주시기 때문이라고 굳게 믿었다.

기원전 618년 유대 왕 요시아는 성전을 수리하다가 우연히 하나의 율법서를 발견했다. 신명기 법전이었다. 그는 이 법전에 근거해서 소위 "종교개혁"을 단행했다. 요시아 왕은 유대지역에 있는 모든 우상 신상神像들을 철폐하고, 예배 처소인 벧엘과 단을 모두 폐쇄했다. 그리고 유대인들에게 주요 명절인 유월절, 장막절, 오순절을 예루살렘에서만 지키도록 법제화法制化했다. 이와 같이 요시아는 율법 중심의 신앙 그리고 예루살렘 성전 중심의 신앙을 회복하는 데 주력했다. 요시아의 종교개혁 이후로 예루살렘은 거룩한 야훼 하나님의 도성都城 시온Zion으로 불리게 되었다.

그런데 요시아의 종교개혁에도 불구하고 종교개혁 20년 뒤, 기원전 598년에 시온성 예루살렘은 느부갓네살이 이끄는 바빌론 군대에 의해서 허망하게 정복당하고 만다. 느부갓네살은 당시 유대왕이었던 여호야긴을 인질로 삼아 바빌론으로 끌고 갔고, 그 대신에 그의 숙부 시드기야를 왕으로 세워 식민통치를 했다.

바빌론 포로기와 나부코

10년 후에 온갖 압제에 견디지 못한 유대 민중은 바빌론의 식민통치에 항거하여 봉기하고 2년 동안 예루살렘을 사수死守했으나 기원전 586년 예루살렘은 바빌론 군대에 의해서 함락 당하고 만다. 두 번째 함락당한 셈이다. 예루살렘에 입성하자 바빌론 군대는 유대인 저항세력을 모두 살육하였고, 성안의 건물들은 남김없이 파괴했다. 집들은 모두 불에 탔다. 무엇보다도 야훼 하나님의 거처라고 신봉하고 있는 성전이 완전히 잿더미로 변해버렸다. 느부갓네살은 시드기야 왕이 보는 앞에서 그 아들들을 처형하고, 왕의 두 눈을 뽑아 바빌론으로 끌고 갔다.

야훼 하나님의 거룩한 도시 시온성은 이와 같이 무참히 파괴되었을 뿐만 아니라, 성전은 돌무더기로 변하고 말았다. 이러한 참담한 상황을 바라보면서 유대인들은 그들이 지금까지 믿어왔던 야훼 하나님에 대한 신앙의 거점이 여지없이 무너져 내리는 것을 경험하지 않을 수 없었다.

바빌론 군인들은 예루살렘에 거주하고 있던, 상당수에 이르던 중산층 유대 지식인들을 전쟁 포로로 삼아 바빌론으로 끌고 간다. 유배당한 히브리인들은 유프라데스강 유역에서 강제노동에 투입되었다. 고된 노예생활을 하면서 히브리인들은 두고 온 고국의 산하와 시온성 그리고 야훼성전을 생각하며 눈물을 흘리며 유배생활을 한다 (왕하 24～25장).

시편 137편에서 우리는 바빌론으로 유배당한 히브리인들, 이역만리에서 강제노역에 시달리며 온갖 고초를 겪고 있는 히브리인들, 그들의 고향 시온성을 생각하며 눈물을 흘리는 히브리인들의 한恨을 읽을 수 있다.

> 바빌론 강가, 거기에 앉아 시온을 생각하며 눈물을 흘렸다. 그 언덕 버드나무 가지 위에 우리의 수금竪琴을 걸어놓고, 우리를 잡아온 그 사람들이 노래하라고 청하였지만, 우리를 끌고 온 그 사람들이 '한 가락 시온 노래를 불러라'고 하였지만, 우리 어찌 이국의 낯선

땅에서 야훼의 노래를 부르랴! 예루살렘아, 내가 너를 잊는다면 내 오른손이 말라비틀어질 것이다. 내가 너를 잊는다면, 내가 너보다도 다른 것을 더 좋아한다면, 내 혀야, 입천장에 붙어버려라 …

하루 종일 강제노역에 시달리던 히브리인들, 고된 몸을 이끌고 저녁에 막사에 돌아오니, 바빌론 병정들이 야유한다. 너희가 믿는 야훼가 강하다면 너희가 이렇게 노예로 끌려왔겠는가? 시온의 노래를 한 곡조 불러 우리를 즐겁게 하라! 그때 히브리인들은 바빌론 강가 버드나무에 수금을 걸어두고, 고국과 하나님께서 계신 예루살렘을 생각하며 눈물을 흘린다.

베르디의 오페라 중에 "나부코*Nabucco*"가 있다. 히브리인들의 바빌론 유배기를 내용으로 하고 있는 데, 나부코는 히브리인들을 노예로 끌고 간 바빌론 왕 느부갓네살을 지칭한다. 이 오페라 중에 나오는 "히브리인들의 합창*coro di schiavi ebrei*"은 바로 이 시대의 바빌론 포로로 끌려간 히브리인들의 고단한 노예생활과 고국과 야훼 하나님에 대한 그리움을 감동적으로 전하고 있다.

내 마음아, 황금빛 날개로, 언덕 위에 날아가 앉아라, 아름답고 정다운 내 고향, 산들바람 불어주는 내 고향, 요단강 강물에 인사하고, 시온성 무너진 첨탑을 보라. 오, 내 조국, 빼앗긴 내 조국, 내 마음속에 사무치네, 운명의 여신이 타는 하프 소리, 그리운 가락을

울려다오, 마음속에 불타오르는 추억, 정답게 나에게
말해주오. 구슬픈 운명의 여신이여, 슬픔에 잠겨 노래
를 부를 때, 그대 노래 위에 주님의 자비를 내려 주소
서. 주여, 자비를 베풀어주소서. …

포로 생활 이전의 유대인들은 하나님께서 자기편이라고 생각했다. 하나님께서 히브리민족만을 특별히 선택하였고, 특별히 사랑한다고 생각했던 것이다. 구원은 히브리인에게만 있다고 믿었다. 그러나 유배생활을 하면서 히브리인들은 더 이상 그런 믿음을 지탱할 수 없었다. 낯선 땅, 유배지에서 히브리인들은 새로운 문화를 체험하면서 수백 년 동안 그들이 섬겨왔던 야훼 하나님에 대한 신앙에 근본적인 회의를 하기 시작한다.

공의公義로 다스리는 하나님

바빌론 포로로 끌려가기 이전, 히브리인들이 믿던 하나님은 어떤 분이었을까? 출애굽 사건에서 볼 수 있는 것처럼 하나님은 노골적으로 히브리인의 편을 드는 분이었다. 히브리인들을 해방시키기 위해서, 아무 죄도 없는 이집트인들의 맏아들들을 무자비하게 살육하는 짓도 마다하지 않는 하나님이었다. 가나안을 정복해 들어가는 과정에서도 야훼 하나님은 노골적으로 히브리민족의 편을 든다. 하나님의 명령 하에서 히브리인들은 블레셋, 아모리 등 가나안 족속들을 약탈하고 죽이는 일을 마다하지 않았다. 히브리인을 위해서라면 반인류적인 살육도 서슴지 않는 하나님을 그들은 섬겨왔다. 야훼 하나님

은 히브리민족에 의해서 사유화되었던 것이다.

그러나 바빌론에서 포로생활을 하고, 바빌론이라는 넓은 국제 사회의 새로운 문화를 경험하게 되면서, 히브리인들은 그들이 지금까지 신봉해왔던 그들만을 위한 하나님 신앙을 더 이상 지탱할 수 없게 된다. 그들은 히브리민족의 수호신으로서의 야훼 하나님 신앙을 포기하지 않을 수 없게 되었다. 이제 하나님은 히브리민족의 수호신을 넘어서 이방국가들을 다스리는 하나님, 한 걸음 더 나아가 우주만물을 창조하시고 관장하시는 조물주 하나님으로 신앙되기에 이른다. 바로 이 시기에 창세기가 쓰였다.

바빌론 포로의 경험을 통해서 히브리인들은 하나님 신앙에 대한 패러다임을 바꾸지 않을 수 없게 되었다. 야훼 하나님은 단지 히브리민족의 수호신으로 머물러 계신 분이 아니라, 세계를 통치하시는 보편적인 하나님으로 확장되기에 이른다. 하나님은 히브리인과 이방인을 차별하지 않으시고, 언제나 공의chedeka와 자애로움hesed으로 온 세계 만민을 다스리는 공평무사한 분으로 이해하기 시작한다. 바빌론 유배 경험은 히브리인들에게 하나님 신앙의 확장을 가져오는 결정적인 계기가 되었던 것이다.

예수 시대에도 여전히 편파적인 하나님 신앙에 매달리는 유대인들이 있었다. 특히 바리새인들은 선민의식이 강했고, 배타적이었다. 야훼는 바로 유대인에게만 율법을 주었고, 율법 없이 생활하는 이방인은 죄인이라고 치부하여 그들과는 아예 상종조차 하지 않았다. 이들을 향하여 예수는 말한다. "… 아버지께서는 악한 사람에게나 선한 사람에게나 똑 같이 햇빛을 주시고, 옳은 사람에게나 옳지 못한 사람에게나 똑같이 비를 내려주신다. 너희가 자기가 사랑하는 사람들만 사랑한다면 무슨 상을 받겠느냐? … 하늘에 계신 아버지께서 완전하신 것같이 너희도 완전하게 되어라."(마태5:45-48)

예수는 바리새인들이 설정해놓은 선과 악의 이분법, 옳음과 그름의 이분법을 해체한다. 하나님께서 선한 사람에게 복을 주고, 악한 사람에게 벌을 내린다는 바리새인들의 분별심을 파기시킨다. 하나님께서는 의인을 구원하고, 죄인을 응징한다는 바리새인들의 고정관념을 해체시킨다.

선과 악, 옳고 그름, 의인과 죄인, 아름다움과 추함을 판별할 수 있는 절대적인 잣대가 존재하는가? 이러한 분별은 모두 상대적이고 주관적인 것이 아닌가? 바리새인들은 선과 악, 정의와 불의, 의인과 죄인, 미와 추라는 관념이 고정된 실체로 존재한다고 생각했다. 의인과 죄인이 실체적으로 존재한다면, 의인은 영원히 의인이며 죄인은 영원히 죄인으로 머물러 있어야 할 것이다. 실체론적 사고에서는 죄인이 의인이 될 수 있는 가능성은 영원히 차단되고 만다. 예수는 이러한 실체론적이고 이분법적 사고를 해체한다.

하나님은 선한 사람이나 악한 사람을 가리지 않고 똑같이 해를 주시고, 의인이나 죄인을 가리지 않고 똑같이 햇빛과 비를 내려주신다. 예수의 이러한 선언은 당시 하나님을 자기편이라고 생각했던 유대인들이나, 자기들은 이방 죄인들과는 달리 선하고 의롭다고 생각하면서 자만심에 빠져있던 바리새인들을 겨냥한다. 예수의 선언은 하나님이 자기들만을 구원하신다는 종교적 특권의식과 배타적 우월감에 사로잡혀 신앙생활을 하는 종교인들에게 일종의 폭탄선언이 아닐 수 없었다. 예수는 선인과 악인을 질적인 차별로 보지 않고 양적인 차이로 보았다. 선인이 악인이 될 수도 있고 악인이 선인이 될 수도 있다고 보았다. 그렇기 때문에 선인도 악인도 구별하지 않고 똑같이 하나님의 사랑의 대상이라고 보았던 것이다.

하늘은 편들지 아니 한다

노자는 도덕경에서 천지불인天地不仁(5장)을 말하고, 천도무친天道無親(79장)을 말한다. 하늘은 특정한 사람에게만 사랑을 베풀지 않으며, 하늘의 도는 특정한 사람만을 편애偏愛하지 않는다는 뜻이다. 노자가 어떤 시대에 살았나? 춘추전국 시대이다. 왕은 스스로를 천자天子라 칭하였다. 그가 휘두르는 권력은 하늘 상제上帝의 권력을 대변한다는 생각에서였다. 그들의 특권의식에 저항하여 노자는 천지불인을 주장하였다. 하늘은 왕과 같은 특권계층만을 편애하지 않는다는 것이다. 그들에 의해서 억압당하는 민중도 하늘은 똑 같이 사랑한다는 것이다. 하늘은 한 쪽에 치우치지 않고 공평무사公平無私함으로 세상을 다스린다는 것이다.

노자의 천지불인天地不仁 사상은 예수에게서도 나타난다. 예수는 어떤 시대에 살았는가? 팔레스타인이 로마제국 황제에 의해서 식민통치를 받던 시대였다. 당시 바리새파 유대인들은 선민의식選民意識에 사로잡혀 살았다. 야훼는 유대민족의 하나님이고, 유대민족은 야훼의 백성인데, 하나님께서 유대민족에게 주신 토라(율법)가 그 증표라고 생각했다. 하나님의 법인 토라Thora를 생활 속에서 기억하고 준수하는 유대민족만이 구원을 받는다는 자만심에 빠져 그들은 살았다. 바리새파들에 따르면, 하나님은 선하고 의로운 사람에게만 햇빛을 주시고 비를 내려주신다고 생각했다. 곧 유대인에게만 구원을 주신다고 생각했다.

그러나 예수의 생각은 어떤가? 하나님께서는 그들이 말하는 소위 선한 사람이나 악한 사람을 차별하지 않고 햇빛을 주신다고 했다. 그들이 말하는 소위 의로운 사람이나 불의한 사람을 차별두지 않고 비를 내려주신다고 했다. 하나님은 불인不仁하신 분이며, 무친無親하신 분이다. 예수는 바리새파 유대인은 의인義人이며 이방인은 죄인罪人이라는 유대인들의 이분법적인 선민의식을 폐기처분하였다. 하나님께서는 유대인이나 이방인이나 차별하지 않는다. 선한 사람이나 악한 사람에게 똑같이 해를 주신다. 의인이나 죄인을 차별하지 않고 똑같이 비를 주신다. 해와 비를 주신다는 말씀과 서로 통하는 면이 있다. 천지불인과 천도무친, 차별과 분별을 넘어선 하나님의 보편적인 사랑의 실천에서 예수는 완전함*teleios*을 보았다. 하나님의 완전함이라는 윤리 도덕적 차원이 아니라 사랑의 실천적 차원에서 완전함이다. 예수는 그리스도인의 최종 목적을 완전함에서 찾는다. 어떻게 해야 완전하게 될 수 있는가? 하늘 아버지처럼, 사사로움에 매이지 않고 공평무사한 삶을 살 때 비로소 완전하게 된다.

포스트모던 시대의 그리스도교

오늘날 포스트모던 시대를 살고 있는 우리는 바빌론으로 끌려간 히브리인들이나, 예수를 따르던 제자들과 유사한 감정에 싸이게 된다. 오늘날 기독교인은 하나님을 독점하려고 한다. 하나님의 사랑을 독점하려고 한다. 기독교라는 테두리 안에 하나님을 감금시킨다. 그리하여 하나님의 사랑과 축복을 기독교가 독점하고 사유화하려고 한다.

우리가 창조주 하나님 신앙에 충실하다면, 하나님을 기독교라는 한 종파에 소속된 분으로 믿어서는 안 될 것이다. 하나님을 내가 믿는 종교나 내가 다니는 교회에 다녀야 구원을 주는 분으로 믿어서는 안 될 것이다. 하나님은 기독교인만을 편애하지 않으신다. 하나님의 사랑은 보편적이며, 기독교인에게 한정된 것이 아니다. 다른 종교인이나 우주 만물에서도 우리는 하나님의 사랑과 구원을 발견해야 할 것이다. 차별과 분별을 넘어서 하나님의 보편적 사랑을 실천하는 가운데 우리는 하늘 아버지처럼 완전하게 될 것이다. 이러한 예수의 명령은 종교적 이기주의나 편파성에 매몰되어 신앙생활을 하고 있는 한국의 그리스도교인들에게 새로운 도전으로 다가온다.

기독교의 가르침이라고 해서 모두 예수의 가르침이 아니다. 기독교인을 자처하면서도 예수의 가르침에 반反하는 삶을 살거나 진리의 길을 가지 않는 사람들도 많다. 기독교의 가르침이라 해서 모두 진리인 것은 아니다. 어느 종교나 어느 교파에 속해있느냐가 중요한 것이 아니다. 예수를 믿느냐가 아니라, 예수를 따라 진리의 길을 가느냐가 더 중요하다.

역사의 예수와 동양사상

2012년 2월 20일 초판발행
2012년 2월 20일 1판 1쇄

지은이   김명수
펴낸이   남호섭
펴낸곳   통나무

서울특별시 종로구 동숭동 199-27
전화: 02) 744-7992
출판등록 1989. 11. 3. 제1-970호

ⓒ 김명수, 2012   값 19,000원
ISBN 978-89-8264-121-3   (03230)